마가복음 이야기

마가복음 이야기

초판 1쇄 인쇄 2022년 2월 25일
초판 1쇄 발행 2022년 2월 28일

지은이 김병국
펴낸이 장대윤

펴낸곳 도서출판 대서
등 록 제22-2411호
주 소 서울시 서초구 방배동 981-32 지층
전 화 02-583-0612 / 팩스 02-583-0543
메 일 daiseo1216@hanmail.net

디자인 참디자인

ISBN 979-11-86595-74-9 (03230)

* 책값은 뒤표지에 있습니다.
* 잘못된 책은 교환하여 드립니다.

마가복음 이야기

김병국 지음

마가복음 전체를
61개의 단락으로 나누어
핵심적인 내용들을 알려준다!

도서출판 대서

【 목차 】

【1】

마가복음 1:1-11

하늘로부터 소리가 나기를 너는 내 사랑하는 아들이라 내가 너를 기뻐하노라 하시니라

▲

세례 요한의 증언과 예수님의 세례

본 단락의 주제는 1절에 나타나 있습니다. 즉 예수 그리스도의 복음을 소개하는 것입니다. 그런데 복음을 사람들에게 소개하기 위해서는 우선 예수님이 구원자의 자격을 갖춘 분이신가 하는 것을 설명해야 합니다. 여기서는 그것이 두 가지 방법으로 제시되고 있습니다. 첫째는 세례 요한의 증언을 통해서이고, 둘째는 예수님의 세례를 통해서입니다.

4절부터 8절까지를 살펴보면 세례 요한이 예수님을 증거하는 것을 볼 수 있습니다. 그런데 이것은 우리를 조금 당황하게 합니다. 왜 하필이면 세례 요한일까요? 여기서 세례 요

한은 개인의 자격으로 등장하고 있는 것이 아닙니다. 그는 구약 시대의 대표자로 등장하고 있습니다. 누가 그를 구약 시대에 대표자로 만들었습니까? 바로 우리 예수님이십니다. 예수님께서는 세례 요한에 대해 "여자가 낳은 자 중에 세례 요한보다 큰 이가 일어남이 없도다"(마 11:11, 참고 눅 7:28)라고 말씀하셨습니다.

그러므로 세례 요한은 그 때까지의 인류 역사 중에서 예수님께서 인정하신 최고의 인물입니다. 그가 예수님이 메시야이심을 증거하고 있습니다. 그런데 그것은 세례 요한이 즉흥적으로 갑자기 한 일이 아닙니다. 2절과 3절은 구약의 선지자들이 이 일을 오래 전부터 예언했었다고 말씀합니다. 세례 요한은 구약에서 예언되었던 대로 예수님을 증언하고 있는 것입니다.

그리고 9절 이하에서는 성령 하나님과 성부 하나님께서 예수님이 구원자이심을 증거하십니다. 예수님께서 세례를 받으시자 하늘이 갈라지고 성령이 비둘기의 형상으로 예수님께 내려 오셨습니다(10절). 그리고 성부 하나님께서는 하늘에서 음성을 들려주심을 통해 예수님이 하나님의 아들이심을 분명하게 드러내셨습니다(11절).

그런데 예수님의 복음을 설명하기 시작하는 본 단락에서 왜 예수님의 첫 사역이 세례 요한에게 세례를 받으시는 일일까요? 세례는 죄인이 받는 것입니다. 죄가 없으신 하나님은 세례를 받으실 필요가 없습니다. 예수님께서 세례를 받으셨다는 것은 인간이 되셨음을 뜻합니다. 인간 비슷하게 되신 것이 아니라 완전한 인간이 되신 것입니다. 예수님께서 우리의 구원자가 되셔서 우리를 위해 고난을 당해주시기 위해서는 우리와 똑같은 인간이 되어 주셔야 합니다.

예수님께서는 세례를 받으심으로 우리와 똑같은 인간이 되셨습니다. 그런 예수님 앞에서 우리가 보여야 할 행동은 무엇입니까? 죄를 고백하고 회개하는 것입니다(4,5절). 사람들이 세례 요한에게 나아가 회개했던 것처럼 우리도 내가 죄인임을 고백하고 회개해야 합니다.

【2】

마가복음 1:12-20

이르시되 때가 찼고 하나님의 나라가 가까이 왔으니 회개하고 복음을 믿으라 하시더라

예수님의 시험과 전도 그리고 제자들을 부르심

본문은 세 부분으로 이루어져 있습니다. 12절과 13절에는 예수님의 시험이 나오고 14절과 15절에는 예수님의 전도가 나옵니다. 그리고 16절부터 20절까지에는 제자들을 부르시는 장면이 나옵니다. 시험 장면에서 우리의 눈길을 끄는 것은 성령께서 예수님을 광야로 몰아내셨다는 말씀입니다. 사탄에게 시험을 받는 일은 결코 유쾌한 일이 아닙니다. 그런데 그 일을 주도적으로 진행하신 분이 성령님이시라는 것입니다. 우리가 세상을 사는 동안 꼭 당해야 되는 고통이 있을 수 있습니다. 그럴 때는 성령님께서 적극적으로 그 일을 추진하

십니다. 하지만 우리 스스로 그 모든 것을 감당하도록 내버려두시는 것은 아닙니다. 예수님께서 시험을 받으실 때 천사들이 수종을 들었다고 합니다(13절). 우리들이 고난을 당할 때도 그렇게 도와주실 것입니다.

14절을 보면 요한이 잡힌 후 예수님께서 갈릴리에서 전도를 하십니다. 원래 세례 요한과 예수님은 남쪽 유대를 중심지로 삼아 1년 정도 사역을 하셨습니다. 그런데 세례 요한이 헤롯 안디바의 생일잔치 때 죽임을 당합니다. 유대인들이 예수님까지 죽이려고 하자 예수님께서는 북쪽 갈릴리로 사역의 본거지를 옮기셨습니다. 그리고 갈릴리에서 약 2년 동안 사역을 하셨습니다. 그때 외치셨던 말씀들의 핵심이 15절에 등장합니다. 하나님의 나라가 가까이 왔으니 회개하고 복음을 믿으라는 것입니다. 회개하라는 것은 그 이전에 가지고 있던 죄악된 것들을 모두 버리라는 것입니다. 그리고 복음을 믿으라는 것은 이제 예수님께 나머지 인생을 온전히 맡기라는 것입니다. 이것은 즉각적으로 이루어져야 할 일입니다. 왜냐하면 때가 찼고 하나님의 나라가 가까이 왔기 때문입니다.

이 메시지를 제대로 이해하고 순종한 사람들의 예가 그 다음 부분에 등장합니다. 그런데 그들이 예수님을 따르는 장면에서 공통된 것이 있습니다. 그것이 무엇입니까? 자신들이 그 때까지 가지고 있던 것을 모두 과감히 버려두고 예수님을 따랐다는 것입니다. 18절은 그들이 어부에게 가장 귀중한 그물을 버려두고 예수님을 따랐다고 이야기하고, 20절은 야고보와 요한이 아버지 세베대를 배에 버려두고 예수를 따랐다고 말합니다. 복음을 믿는다는 것은 이토록 엄중한 일입니다. 우리는 오로지 예수님의 복음에 남은 인생을 걸어야 합니다. 그것은 어리석음도 아니고 무모함도 아닙니다. 왜냐하면 하나님의 나라가 가까이 왔기 때문입니다. 회개하고 복음을 믿는 자들이야말로 참으로 지혜로운 자들입니다.

【3】

마가복음 1:21-34

다 놀라 서로 물어 이르되 이는 어찜이냐 권위 있는 새 교훈이로다 더러운 귀신들에게 명한즉 순종하는도다 하더라

▲

귀신을 쫓아내시고 병들 자들을 치료하심

본문은 하나님의 말씀에 능력이 있다는 것을 가르쳐 주고 있습니다. 예수님께서 안식일에 회당에 들어가서 가르치셨습니다(21절). 당시 유대인들 사이에서는 여행 중인 랍비가 회당 예배 참석했을 경우 그에게 설교를 권하는 풍습이 있었습니다. 예수님께서는 이것을 활용하신 것입니다. 그런 예는 사도행전에도 나옵니다. 바울 사도가 비시디아 안디옥의 이르렀을 때 그 곳 회당장들이 바울에게 설교를 권하여 그곳에서 복음을 전했습니다. "율법과 선지자의 글을 읽은 후에 회당

장들이 사람을 보내어 물어 이르되 형제들아 만일 백성을 권할 말이 있거든 말하라 하니"(행 13:15)

예수님의 설교를 들은 사람들의 반응은 22절에 기록되어 있습니다. 그들은 예수님이 가르침이 권위 있는 자와 같고 서기관들과 같지 않다고 하며 놀랍니다. 그 당시 서기관들은 선배 랍비들의 이름을 내세우며 그들의 권위를 이용하여 가르쳤습니다. 하지만 예수님께서는 하나님의 아들이셨기 때문에 "나는 너희에게 이르노니"라고 말씀하시며 자기 자신의 권위로 가르치셨습니다. 이것이 사람들을 놀라게 했습니다.

예수님의 말씀에 권위가 있었다는 것은 그 다음 본문에 계속 나타납니다. 병이 떠나가고(31절) 귀신이 쫓겨난 것입니다(26, 34절). 하나님의 말씀에는 권위가 있습니다. 그 권위 있는 말씀을 믿음으로 받아들일 때 우리의 삶 속에서도 변화가 나타나게 됩니다. 하나님께서는 말씀과 표적이 함께 나타나도록 역사하십니다. 마가복음의 마지막 구절이 그것을 잘 보여주고 있습니다. "제자들이 나가 두루 전파할새 주께서 함께 역사하사 그 따르는 표적으로 말씀을 확실히 증언하시니라"(막 16:20)

예수님께서 말씀으로 귀신을 쫓아내시는 장면들 속에 재미있는 것이 있습니다. 귀신들이 예수님에 대해 증거하는 것을 허락하지 않으신다는 점입니다(25, 34절). 그런데 귀신들이 예수님을 증거하면 더 편하신 것 아닙니까? 왜 그들의 입을 막으셨습니까? 왜냐하면 그것이 덕이 되지 못했기 때문입니다. 하나님의 나라는 거룩하고 위엄 있는 것입니다. 그런데 귀신 들린 자들의 입을 통해서 그것이 전해지면 품위가 떨어집니다.

똑같은 예를 우리는 사도행전 16장에서도 발견합니다. 빌립보 교회에서 사도 바울이 복음을 전하는데 귀신들린 자가 바울을 따라다니며 그의 말을 지지합니다. 그러나 이것은 전혀 도움이 되지 못합니다. 복음의 품격을 떨어뜨리는 것입니다. 그래서 바울은 그 귀신을 쫓아내 버립니다. "그가 바울과 우리를 따라와 소리 질러 이르되 이 사람들은 지극히 높은 하나님의 종으로서 구원의 길을 너희에게 전하는 자라 하며 이같이 여러 날을 하는지라 바울이 심히 괴로워하여 돌이켜 그 귀신에게 이르되 예수 그리스도의 이름으로 내가 네게 명하노니 그에게서 나오라 하니 귀신이 즉시 나오니라"(행 16:17, 18). 하나님의 말씀은 엄중하고 품위가 있어야 합니다. 그런 하나님의 말씀에는 능력이 있습니다. 그 말씀에 순종할 때 우리 삶에도 변화가 나타날 것입니다.

【4】

마가복음 1:35-45

이르시되 우리가 다른 가까운 마을들로 가자 거기서도 전도하리니 내가 이를 위하여 왔노라 하시고

▲

나병환자를 치료하심

본문은 우리가 하나님을 섬기되 우리 마음대로가 아니라 하나님의 방법대로 섬겨야 함을 알려주고 있습니다. 어떤 나병환자가 예수님께 찾아와서 고침을 받았습니다(40-45절). 그런데 예수님께서는 그에게 치료를 받았다는 사실을 다른 사람들에게 절대로 알리지 말고 가서 그의 몸을 제사장에게 보이고 율법에 명령된 일을 행하라고 말씀하십니다(43-44절). 레위기 14장 1-20절은 나병이 치료되었을 경우 그가 제사장에게 가서 나병이 치료된 것을 확인 받고 최종적으로 번제와

소재를 드림으로 나병 환자의 신분에서 완전하게 벗어나게 될 것을 말씀하고 있습니다. 예수님께서는 이것을 실천하라고 하시는 것입니다.

그런데 예수님께서는 왜 그가 사람들에게 치료에 대해 말을 해서는 안 된다고 하셨을까요? 거기에는 두 가지 이유가 있습니다. 첫째는 그럴 경우 사람들이 예수님에 대해서 왜곡된 인상을 갖게 될 것이 분명했기 때문입니다. 예수님께서는 십자가에 못 박혀 죽어 주시기 위해 세상에 오셨습니다. 하지만 그 당시의 유대인들은 죄를 용서 받기 위해서는 소나 양을 제물로 드리는 속죄제사로 충분하다고 생각하고 있었습니다. 그들은 구약의 속죄제사는 참된 속죄제사인 예수님의 십자가의 모형이요 그림자였을 뿐, 그 자체로서는 죄 사함의 능력이 없다는 사실을 이해하지 못하고 있었습니다. 그래서 그들이 기다리던 메시아는 로마의 압제에서 자신들을 구원해 줄 군사적, 정치적 지도자였습니다. 그런 그들에게 예수님의 초자연적 능력에 대한 소문이 퍼지면 그들은 예수님을 왕으로 추대하려 할 것입니다. 그러면 예수님의 십자가 사역은 방해를 받게 됩니다.

그리고 두 번째 이유가 있는데 그것은 만약 예수님께서 그런 엄청난 기적을 베푸시는 분이라는 소문이 날 경우 친히 마을과 회당들을 찾아다니시며 전도하는 사역은 이제 할 수 없게 되기 때문입니다 38절 39절은 예수님께서 가까운 마을들을 찾아다니시고 회당에서 전도를 하셨다고 말씀합니다. 하지만 나병 환자가 예수님에 대한 소문을 퍼뜨린 이후에는 그것이 불가능하게 되었습니다(45절). 사람들이 너무 몰려들었기 때문입니다.

아마 그 나병환자는 자신을 고쳐 주신 분이 예수님이시라고 사람들에게 널리 알리는 것이 예수님께 도움이 되는 일이라고 생각했을 것입니다. 하지만 그것은 예수님께 전혀 도움이 되지 못했습니다. 우리는 하나님을 섬길 때 하나님께서 정해 놓으신 방법에 따라 섬겨야 합니다. 우리 마음대로 섬기는 것은 자기만족이지 하나님을 섬기는 일이 아닙니다.

【5】

마가복음 2:1-12

예수께서 그들의 믿음을 보시고 중풍병자에게 이르시되 작은 자야 네 죄 사함을 받았느니라 하시니

▲

중풍병자를 치료하심

예수님께서 가버나움에 있는 어떤 집에 들어가 계시자(1절) 사람들이 몰려들었습니다(2절). 어떤 네 사람이 중풍병자를 들것에 실어서 데리고 왔습니다(3절). 하지만 사람들 때문에 접근을 할 수 없게 되자 그들은 지붕을 뜯어서 중풍병자를 달아 내렸습니다(4절). 예수님께서는 그들의 믿음을 보시고 환자를 치료해 주셨습니다(5절).

오늘 이야기에서 먼저 우리의 주목을 끄는 자들은 중풍병자의 친구들입니다. 예수님께서는 보통 환자 자신의 믿음을 보시고 그들을 치료하십니다(마 9:22; 막 10:52; 눅 7:50 등). 그런

데 5절 말씀은 분명히 예수께서 '그들의 믿음을 보시고' 환자를 치료하셨다고 말씀합니다. 이것은 우리에게 중보기도의 중요성을 교훈해 줍니다. 믿음의 사람들이 다른 사람을 위하여 하는 기도는 하나님께 상달됩니다. 우리는 세계를 위하여 나라를 위하여 사회를 위하여 또 이웃들을 위하여 기도해야 합니다.

두 번째로 우리가 주목해야 할 것은 9절에 등장하는 예수님의 말씀입니다. 예수님께서는 중풍병자에게 죄 사함을 받았다고 선포하셨습니다(5절). 그러자 서기관들이 마음속으로 이에 대해 이의를 제기합니다. 오직 하나님 한 분 외에는 죄를 사할 수 없는데 예수님이 이런 말을 했으니 그것은 신성모독이라는 것입니다(7절). 그러자 예수님께서는 네 죄 사함을 받았다고 하는 말과 일어나서 걸어가라고 하는 말 중에서 어느 것이 쉽겠느냐고 물으십니다(9절). 당연히 일어나서 걸어가라고 하는 말이 더 쉽습니다. 그 말을 하셨다면 아무도 예수님께 신성모독이라고 이의를 제기하지 않았을 것입니다.

그런데 예수님께서는 일부러 "네 죄 사함을 받았느니라"라는 도발적인 말씀을 하신 것입니다. 그 이유는 자신이 하나님이심을 선포하시기 위해서입니다. 죄를 용서하는 것은 하나님의 고유한 권한입니다. 그러므로 지금 예수님께서는 '

나는 하나님이다'라고 선포하고 계신 것입니다. 예수님께서 왜 이런 일을 하셨습니까? 복음을 정확히 전하기 위해서입니다. 예수님이 하나님의 아들이시라고 하는 것은 복음의 핵심입니다. 그것을 양보하면 그것은 더 이상 복음이 아닙니다. 그 일로 인해 율법 학자들이 예수님을 고소하게 되고 유대인들에 의해 핍박을 받게 되는 일이 발생했지만 예수님께는 그것이 중요한 것이 아닙니다. 복음을 똑바로 정확하게 전하는 일이 중요했습니다. 우리도 그래야 합니다. 복음을 전파할 때는 담대하게 타협 없이 전해야 합니다. 그것이 예수님의 제자들의 당연한 도리입니다.

【6】

마가복음 2:13-22

예수께서 들으시고 그들에게 이르시되 건강한 자에게는 의사가 쓸 데 없고 병든 자에게라야 쓸 데 있느니라 나는 의인을 부르러 온 것이 아니요 죄인을 부르러 왔노라 하시니라

세리 레위를 부르심

본문은 예수님이 오신 이후의 세상이 그 이전과는 얼마나 다른 것인지를 여러 가지 대조를 통해 보여주고 있습니다. 예수님께서는 세리 등의 죄인들과 교제를 나누십니다(15절). 세리들이 죄인 취급을 받았던 것은 그 당시의 조세제도를 악용했기 때문입니다. 세리들에게는 지역과 거두어야 할 세금액이 할당되었습니다. 그러면 세리들은 재량껏 그 액수 이상의 세금을 거두어서 로마 당국에 일정한 금액을 바치고 나머지는 자신들이 가졌습니다. 그렇기 때문에 누가복음 3장에서

세리들이 "선생이여 우리는 무엇을 하리이까"(12절)라고 물었을 때 세례 요한은 "부과된 것 외에는 거두지 말라"(13절)라고 대답했던 것입니다.

바리새인들과 서기관들이 죄인들과 교제를 나누시는 예수님께 항의하자 예수님께서는 자신은 의인을 부르러 온 것이 아니고 죄인을 부르러 왔다고 대답하십니다(17절). 세리와 죄인들은 자신이 죄인임을 고백하며 예수님께 나아옵니다. 그러나 바리새인과 서기관들은 자신들이 죄인임을 인정하지 않기 때문에 예수님께 나아오지 않습니다.

또 다른 대조가 18절 이후에 나타납니다. 세례 요한의 제자들과 바리새인들은 금식을 하는데 예수님의 제자들은 금식하지 않습니다. 이것에 대해서 질문하자 예수님께서는 혼인집 손님들이 신랑과 함께 있을 때는 금식할 수 없다고 하십니다(19절). 예수님은 신랑과 같은 분이십니다. 지금 예수님 주위의 사람들은 혼인잔치를 즐기고 있는 사람들과 같습니다. 그들의 죄를 용서해 주시기 위해 하나님께서 보내신 구원자와 함께 있으니 그 이상 더 즐거운 잔치는 있을 수 없는 것입니다. 그런데 어떻게 금식을 할 수 있습니까?

예수님이 오신 이후에도 옛 방식을 고집하는 것을 예수님께서는 생베 조각을 낡은 옷에 붙이는 것, 그리고 새 포도주를 낡은 가죽 부대에 넣는 것에 비유하십니다. 생베조각이란 아직 수분이 다 마르지 않은 것을 말합니다. 그것을 수축이 다 된 낡은 옷감에 덧붙이면 수축이 진행되면서 주위의 옷감들을 다 틀어지게 만듭니다(21절). 새 포도주는 발효가 끝나지 않았습니다. 새 포도주를 이미 다 굳어서 신축성이 없어진 낡은 가죽부대에 넣으면 포도주가 발효하여 팽창함에 따라 부대가 터져 버리고 맙니다(22절). 이제 예수님께서 세상에 오셨습니다. 그러므로 우리는 새로운 방식으로 신앙생활을 해야 합니다. 죄인들은 회개하고 예수님께 나아와야 합니다. 그리고 죄 용서의 기쁨을 마음껏 누리며 예수님과 교제하며 살아야 합니다.

【7】

마가복음 2:23-3:6

또 이르시되 안식일이 사람을 위하여 있는 것이요 사람이 안식일을 위하여 있는 것이 아니니

▲

안식일 논쟁

본문 말씀은 안식일을 비롯한 하나님의 율법 전체를 지키는 올바른 자세에 대해서 교훈해 주고 있습니다. 예수님의 제자들이 안식일에 밀밭에서 이삭을 잘랐습니다(23절). 그러자 바리새인들은 그들이 어찌하여 안식일에 하지 못할 일을 하느냐고 예수님께 묻습니다(24절). 바리새인들은 아마도 출애굽기 34장 21절을 염두에 두었을 것입니다. "너는 엿새 동안 일하고 일곱째 날에는 쉴지니 밭 갈 때에나 거둘 때에도 쉴지며"(출 34:21). 이 구절은 안식일에는 추수도 해서는 안 된다고 말씀하고 있는데 바리새인들은 예수님의 제자들이 이삭을

자른 일을 추수행위로 확대해석한 것입니다.

여기에 대한 예수님의 변론이 흥미롭습니다. 안식일과는 별로 상관없는, 다윗이 제사장에게서 진설병을 얻어먹은 이야기를 꺼내십니다. 마가복음 본문뿐만 아니라 사무엘상 21장의 본문에도 안식일이라는 단어는 등장하지 않습니다. 진설병은 원래 제사장만 먹을 수 있는 것입니다. 하지만 다윗은 제사장이 아니었는데도 그 진설병을 얻어먹었습니다. 진설병을 어떻게 처리해야 하느냐 하는 것은 물론 중요한 문제입니다. 그러나 하나님의 종 다윗의 굶주림을 해결하는 문제는 그런 율법의 준수보다 더 중요한 문제였다는 것입니다. 이 해석이 정당하다는 근거는 구약 시대 내내 그 누구도 다윗의 행위를 지적하고 정죄한 사람이 없다는 데서도 찾을 수 있습니다. 그래서 예수님께서는 너희가 그 구절을 읽어 보지 못하였느냐고 반문하십니다(25절).

하나님의 율법은 인간의 굶주림의 문제보다 우선하지 않습니다. 안식일 규정도 마찬가지입니다. 굶주린 예수님의 제자들이 밀 이삭을 손으로 자른 행위는 안식일 규정보다 더 우선적인 일입니다. 예수님께서는 안식일 규정의 입법취지를 설명하십니다. 안식일이 사람을 위하여 있는 것이지 사람이 안식일을 위하여 있는 것이 아닙니다(27절). 안식일 규정은 출애굽기 20장과 신명기 5장에 등장합니다. 두 경우 모두 입법취지가 나와 있습니다. 출애굽기의 경우에는 하나님께서 천지창조를 마치시고 일곱째 날에 쉬셨으니 너희가 안식일을 지키라는 것입니다. "이는 엿새 동안에 나 여호와가 하늘과 땅과 바다와 그 가운데 모든 것을 만들고 일곱째 날에 쉬었음이라 그러므로 나 여호와가 안식일을 복되게 하여 그 날을 거룩하게 하였느니라"(출 20:11). 그리고 신명기의 경우에는 하나님께서 너희를 애굽 땅 종살이에서 해방시키셨으니 그것을 기억하며 안식일을 지키라는 것입니다. "너는 기억하라 네가 애굽 땅에서 종이 되었더니 네 하나님 여호와가 강한 손과 편 팔로 거기서 너를 인도하여 내었나니 그러므로 네 하나님 여호와가 네게 명령하여 안식일을 지키라 하느니라"(신 5:15) 두 경우 모두 공통된 것은 기쁘고 좋은 일을 상기하기 위해 안식일이 존재한다는 것입니다. 인간을 옥죄고 더 고통스럽게 만들기 위해서가 아닙니다. 하나님께서 우리에게 주신 모든 계명은 그 취지를 기억하며 실천해야 합니다.

【8】

마가복음 3:7-19

이에 열둘을 세우셨으니 이는 자기와 함께 있게 하시고 또 보내사 전도도 하며 귀신을 내쫓는 권능도 가지게 하려 하심이러라

▲

열두 제자를 세우심

예수님에 대한 소문이 널리 퍼졌습니다. 원근 여러 지역에서 많은 사람들이 예수님을 찾아 왔습니다(8절). 그들의 수가 너무 많았기 때문에 예수님께서는 작은 배 위에서 말씀을 하셔야 했습니다(9절). 예수님께서는 복음을 전하셨을 뿐만 아니라 병자를 고치시고 귀신들을 쫓아내셨습니다(10-12절). 예수님에 대해 부르짖는 귀신들에게는, 이전에도 그러셨듯이(막 1:25) 그렇게 하지 못하도록 엄히 경계하셨습니다(12절).

예수님께서는 이제 제자들을 택하실 때가 되었다고 판단하셨습니다. 그래서 열두 명을 세우셨습니다. 그들을 세우

신 목적이 14절과 15절에 나타납니다. 복음을 전하고 귀신을 내쫓는 권능도 가지게 하려는 것입니다. 실제로 그들은 나중에 그런 사역을 했습니다. 누가복음 9장을 보면 제자들이 귀신을 쫓아내고 질병을 치료하고 복음을 전하는 사역을 감당하는 모습이 나옵니다. "예수께서 열두 제자를 불러 모으사 모든 귀신을 제어하며 병을 고치는 능력과 권위를 주시고 하나님의 나라를 전파하며 앓는 자를 고치게 하려고 내보내시며"(눅 9:1, 2)

그런데 14절을 보면 제자들을 부르신 목적을 나열하면서 제일 먼저 꼽는 것이 있습니다. 그것은 "자기와 함께 있게 하시고"라는 것입니다. 제자들을 부르신 이유들 중 제일 중요한 것이 그들이 예수님과 함께 있도록 만드는 것이었다는 것입니다. 평범한 인간이었던 그들이 어떻게 복음전도의 용서가 되고 귀신을 쫓아내고 병을 치료하는 권능을 가진 자가 되었습니까? 예수님과 함께 있으면서 전 인격을 통해 예수님께 배웠기 때문입니다. 제자가 되는 첫째 조건은 예수님과 함께 있는 것이었습니다.

이것은 우리에게도 그대로 적용됩니다. 우리가 예수님의 올바른 제자가 되기 위해서는 성경 말씀을 읽고 기도를 드림으로 하나님과 교제하는 시간을 꼭 확보하고 지켜야 합니다. 그리고 우리가 다른 사람을 제자로 삼기 위해서는 그들이 우리와 인격적으로 만나서 교제를 나눌 수 있도록 해 주어야 합니다. 마태복음 28장 19절에는 예수님께서 제자들을 파송하시는 장면이 나옵니다. 세상 모든 곳으로 나아가서 만민을 제자로 삼으라는 명령을 하실 때 제일 먼저 주시는 말씀이 무엇입니까? "너희는 가서"라는 것입니다. 헬라어로는 부정과거분사가 사용되었습니다. 그 이후에 하는 모든 행동은 일단 그곳으로 간 후에 해야 할 일들이라는 뜻입니다. 일단 가는 것이 중요합니다. 간다는 것이 무엇입니까? 그들과 인격적인 교제를 나눈다는 것입니다. 예수님께서는 친히 인간의 몸을 입고 세상에 오셔서 제자들과 인격적인 교제를 나누어 주셨습니다. 우리도 그렇게 해야 합니다. 이것이 제자도의 기본입니다.

【9】

마가복음 3:20-35

누구든지 하나님의 뜻대로 행하는 자가 내 형제요 자매요 어머니이니라

▲

바알세불 논쟁

예수님께서 귀신들을 쫓아내시는 사역이 너무나 분명하고 빈번하게 일어났기 때문에 유대인의 지도자들도 그 기적들 자체를 부인할 수는 없었습니다. 그래서 그들은 예수님이 귀신의 왕을 힘입어서 귀신들을 쫓아내고 있다고 모함하기 시작했습니다(22절). 참고로 바알세불이라는 용어는 해충인 '파리들의 왕'이라는 뜻입니다. 유대인들은 이 용어를 마귀들의 왕을 나타낼 때 사용했습니다.

예수님께서는 그들에게 사탄이 어떻게 사탄을 쫓아낼 수 있느냐고 말씀하십니다(23절). 예수님께서 지금 귀신들을 쫓아내고 계신데, 만약 예수님께서 사탄의 힘을 이용하고 있는

것이라면 사탄의 나라가 자중지란에 빠진 것입니다. 논리적으로 그런 일은 있을 수 없다고 말씀하고 계십니다.

그리고 예수님이 귀신들을 쫓아낼 수 있는 것은 자신이 귀신들의 왕인 사탄보다 더 강한 존재라는 것을 증명하는 것이라고 말씀하십니다. 강한 자를 결박하지 않고서는 강한 자에 집에 들어가 그 세간을 강탈할 수 없습니다(27절). 그러므로 예수님께서 귀신들을 쫓아내신다는 것은 귀신들의 왕보다 예수님이 훨씬 더 강한 존재라는 것을 반증하고 있는 것입니다.

예수님께서는 자신을 비난하는 자들에게 누구든지 성령을 모독하는 자는 영원히 사하심을 얻지 못할 것이라고 선포하십니다(29절). 우리는 이 말씀을 읽을 때 당황합니다. 왜냐하면 우리는 예수님의 십자가의 공로를 의지하며 회개하면 용서받지 못할 죄가 없다는 것을 알고 있기 때문입니다.

해석하기가 대단히 어려운 말씀이지만 모독이라는 단어에서 그 힌트를 얻을 수 있을 것 같습니다. 이 단어는 신약성경 다른 곳에서는 신성모독이라고 번역하고 있습니다. 모독이라는 죄의 특징은 실수로 범할 수 있는 것이 아니라 의지적으로 노력해야만 범할 수 있는 죄라는 것입니다. 지하철이나 버스 안에서 다른 사람의 발을 밟는 것은 실수입니다. 그러나 어떤 사람을 때리거나 그의 얼굴에 침을 뱉는 것은 의

지적으로 그 일을 실행하지 않으면 할 수 없는 일입니다. 성령을 모독하는 일이 그와 같습니다. 귀신을 쫓아내는 일을 귀신의 사역이라고 모독하는 자들은 그 마음이 심히 완악한 자들입니다. 그들에게는 용서 없는 정죄가 기다리고 있습니다. 그러나 내가 혹시 그런 죄를 짓지나 않았을까 두려워하며 하나님의 은혜를 사모하는 자들이 있다면 그런 자들은 그런 죄를 지었을 리가 없는 자들입니다.

[10]

마가복음 4:1-12

더러는 좋은 땅에 떨어지매 자라 무성하여 결실하였으니 삼십 배나 육십 배나 백 배가 되었느니라 하시고

길가에 뿌려진 씨와 돌밭에 뿌려진 씨

본문은 유명한 씨 뿌리는 비유입니다. 이틀에 걸쳐서 살펴보도록 하겠습니다. 농부가 뿌리는 씨앗은 네 종류의 땅에 떨어집니다. 첫 번째 땅은 길가입니다(4절). 길가에 씨가 뿌려지니까 뿌리를 내리지 못하고 새들이 와서 먹어 버립니다. 하나님의 복음을 받았는데 워낙 준비가 안 된 상태에서 받았기 때문에 사단 마귀가 복음을 받기 전과 똑같은 상태로 재빨리 돌려놓아 버린다는 것입니다.

하나님의 복음이 열매를 맺기 위해서는 준비된 자세가 필

요합니다. 그것을 잘 보여주는 예가 성경에 몇 번 나오는데 두 가지만 살펴보도록 하겠습니다. 첫 번째는 사마리아 수가성 여인의 경우입니다. 예수님께서 우연히 사마리아 여인을 만나신 것 같지만 대화의 내용을 살펴보면 결코 우연이 아닌 것 같습니다. 요한복음 4장 19절에서 그 여인은 예수님을 선지자라고 고백합니다. 그리고 그 다음에 하는 질문이 무엇입니까? 참된 예배 처소가 어디인가 하는 질문입니다(20절). 하나님께 대한 믿음이 있고 참된 예배에 대한 관심이 없었다면 결코 나올 수 없는 질문입니다. 예수님을 만나 복음을 들을 준비가 되어 있던 여인에게 예수님께서 다가가셨던 것입니다.

또 다른 예가 사도행전 16장에 등장합니다. 빌립보 감옥에서 자결을 하려던 간수가 바울 일행에게 한 질문이 무엇입니까? "선생들이여 내가 어떻게 하여야 구원을 받으리이까"(행 16:30)입니다. 아무리 보아도 감옥에서 간수가 죄수에게 할 질문은 아닌 것 같습니다. 이것은 그가 평소에 늘 구원 문제에 대해 고민하고 있었던 사람임을 보여줍니다. 인간의 눈으로 볼 때는 사도 바울과 간수의 만남이 그저 우연인 것처럼 보이지만, 하나님께서는 그 마음이 예비된 자에게 사도 바울을 보내 주셨던 것입니다. 아무 준비가 안 된 굳은 땅에서는 복음이 열매를 맺을 수 없습니다.

두 번째 땅은 흙이 얕은 돌밭입니다. 돌밭이란 밭에 돌이 많다는 뜻이 아니라 평평한 암반 위에 흙이 살짝 덮여 있는 곳을 말합니다. 어쨌든 흙이 있기 때문에 싹은 나왔지만 뿌리를 내릴 수는 없습니다. 그래서 금방 타 죽어 버리고 맙니다. 여기서 뿌리를 지탱해 줄 흙이라는 것은 동료 기독교인들을 말합니다. 믿음이 생기면 교회에 나와서 믿음의 형제자매들과 함께 신앙 생활을 해야 합니다. 그런 기반이 없이 혼자 신앙생활을 하게 되면 곧 신앙이 시들어버리게 됩니다. 열매를 맺기 위해서는 좋은 신앙의 동료들이 있는 곳을 찾아야 합니다.

【11】

마가복음 4:13-25

좋은 땅에 뿌려졌다는 것은 곧 말씀을 듣고 받아 삼십 배나 육십 배나 백 배의 결실을 하는 자니라

가시떨기에 뿌려진 씨와 좋은 밭에 뿌려진 씨

세 번째 경우는 씨가 가시떨기에 뿌려진 경우입니다(18절). 이것은 세상의 염려와 욕심 때문에 결실하지 못하게 되는 경우입니다(19절). 하나님의 말씀은 항상 도전입니다. 우리는 그것에 따라서 순종하면서 살지 아니면 그렇게 하지 않을지를 결정해야 합니다. 그런데 많은 경우에 하나님의 말씀에 따라 산다는 것은 이 세상의 멋진 것, 좋은 것, 가지고 싶은 것을 포기한다는 것을 뜻합니다. 그 결단의 순간에 올바른 판단을 해야 합니다. 그렇지 않을 경우 열매를 맺지 못합니다.

네 번째 경우는 씨가 좋은 땅에 뿌려진 경우입니다. 그런 씨앗은 삼십 배, 육십 배, 백 배의 결실을 맺게 됩니다(20절). 이것은 앞에 소개된 세 가지 실패의 경우와 반대되는 경우를 말합니다. 사마리아 수가성 여인이나 빌립보 감옥의 간수처럼 진리에 대해 갈급한 마음을 가지고 있어야 하고, 좋은 믿음의 동료들과 함께 신앙생활을 하여 환난과 박해를 견뎌낼 수 있어야 합니다. 그리고 시시때때로 다가오는 유혹의 순간에 하나님의 말씀에 순종하는 것을 선택해야 합니다.

그런데 이 부분에서 우리가 기억해야 할 것이 있습니다. 삼십 배, 육십 배, 백 배의 결실을 맺는 것은 씨앗 자체의 생명력 때문이지 밭이 훌륭하기 때문이 아니라는 것입니다. 아무리 우리가 좋은 밭의 상태를 유지하고 있다고 해도 그곳에 씨앗이 뿌려지지 않는다면 결실은 불가능합니다. 하나님의 말씀이 우리의 삶 속에서 열매를 맺는 것은 오직 복음 자체의 생명력 때문입니다. 그것을 기억하며 우리는 겸손해야 합니다.

이것을 잘 설명해 주는 비유가 바로 다음 단락에 등장합니다. 거기서 예수님께서는 겨자씨 한 알과 그 나무에 대해 말씀하십니다. "겨자씨 한 알과 같으니 땅에 심길 때에는 땅 위의 모든 씨보다 작은 것이로되 심긴 후에는 자라서 모든 풀보다 커지며 큰 가지를 내나니 공중의 새들이 그 그늘에

깃들일 만큼 되느니라"(막 4:31, 32). 겨자씨는 작은 것이지만 그것 자체에 생명력이 있기 때문에 나중에 성장한 후에는 커다란 나무를 이루게 됩니다.

우리는 나의 삶 속에서 신앙생활의 열매가 나타나기를 바랍니다. 그것은 전도를 하는 것일 수도 있고 주변에 선한 영향력을 끼쳐서 하나님께 영광을 돌리는 것일 수도 있습니다. 그것이 어떻게 가능합니까? 내가 할 일을 다하고 나머지는 하나님께 맡겨야 합니다. 하나님께서 우리에게 요구하시는 것은 좋은 밭이 되는 것입니다. 늘 하나님의 말씀을 사모하고, 동료 기독교인들과 좋은 관계를 유지하고, 결단의 순간이 올 때마다 하나님의 말씀에 순종하는 것을 선택하는 것입니다. 그럴 때에 우리에게 뿌려진 말씀의 씨앗은 많은 열매를 맺게 될 것입니다.

【12】

마가복음 4:26-34

또 이르시되 하나님의 나라는 사람이 씨를 땅에 뿌림과 같으니 그가 밤낮 자고 깨고 하는 중에 씨가 나서 자라되 어떻게 그리 되는지를 알지 못하느니라

▲

자라나는 씨의 비유

본문에서는 하나님 나라에 대한 비유가 두 가지 등장합니다. 어떤 사람이 땅에 씨를 뿌렸습니다(26절). 그 사람은 매일 자고 깨고 하며 일상생활을 합니다. 그런데 심겨진 씨가 스스로 성장합니다(27절). 처음에는 싹이 나고 그 다음에는 이삭이 생기더니 결국 곡식들이 열립니다(28절). 열매가 다 익으면 이제 추수를 하게 됩니다(29절).

이 비유에서 우리가 기억해야 할 것은 두 가지입니다. 첫째, 씨가 열매를 맺게 되는 것은 씨뿌리는 자의 노력과는 무관하다는 것입니다. 본문은 그것을 두 군데서 강조해 주고

있습니다. 27절의 "그가 밤낮 자꾸 깨고 하는 중에"라는 부분과 28절의 "땅이 스스로 열매를 맺되"라는 부분입니다. 땅이 스스로 열매를 맺습니다. 그것은 씨 자체의 생명력의 결과입니다. 우리가 순종하면 그 일을 통하여 열매를 거두시는 분은 하나님이십니다.

우리가 기억해야 할 두 번째 것은 씨가 성장하는 데는 단계가 있다는 것입니다. 처음에는 씨에서 작은 싹이 나옵니다. 그 다음에 이삭이 생기고 나중에 비로소 곡식이 열립니다(28절). 우리가 처음 하나님의 일을 할 때는 그 모습이 너무나 보잘 것이 없습니다. 이것이 무슨 열매를 맺게 될지 상상도 되지 않습니다. 그러나 작은 것들을 통하여 하나님께서 역사하십니다.

이 주제는 두 번째 비유에서도 똑같이 나타납니다. 땅에 심기는 것은 겨자씨 한 알입니다(31절). 겨자씨는 씨앗들 중에서도 아주 작은 것에 속합니다. 그러나 나중에 그것이 성장한 후에는 공중의 새들이 그 그늘에 깃들일 만큼 큰 나무가 됩니다(32절). 하나님 나라의 일도 그렇다는 것입니다. 지금 눈 앞에 보이는 모습이 초라하다고 해서 낙심할 필요는 없습니다. 내가 어린 아이와 같이 미숙하다고 해서 너무 자책할 필요도 없습니다. 처음에는 다 그렇습니다. 기다리면 하나님께서 성장시켜 주십니다.

마지막 두 절에서는 예수님께서 일반 백성들에게는 비유로 말씀하신 후에(33절) 제자들에게는 따로 그 모든 것을 해석해 주셨다는 말씀이 나옵니다(34절). 이것은 백성들에게는 알 수 없는 말씀을 하신 후에 제자들에게만 그 뜻을 알려 주셨다는 뜻이 아닙니다. 예수님께서 비유를 사용하신 것은 오히려 그들이 더 잘 알아듣도록 하기 위해서입니다. 제자들에게 따로 모든 것을 해석해 주신 이유는 그들은 나중에 예수님 대신 말씀사역을 담당할 자들이었기 때문입니다. 예수님께서 승천하신 후 제자들은 말씀을 전하는 자들이 됩니다. 그렇기 때문에 그들에게는 말씀에 대한 정확한 해석이 필요했습니다.

【13】

마가복음 4:35-41

예수께서 깨어 바람을 꾸짖으시며 바다더러 이르시되 잠잠하라 고요하라 하시니 바람이 그치고 아주 잔잔하여지더라

바람과 바다를 잔잔하게 하심

본문은 예수님께서 인간뿐만 아니라 자연 만물의 지배자이심을 보여주고 있습니다. 예수님께서 제자들에게 갈릴리 호수 반대편으로 가자고 말씀하십니다(35절). 예수님을 모신 배가 출항하자 사람들은 다른 배들을 타고 예수님을 좇아옵니다(36절). 그런데 큰 광풍이 닥쳐왔습니다. 파도가 높이 일어서 배에 물이 가득하게 되었습니다(37절). 그 때 예수님께서는 고물에서 즉 배 뒤쪽에서 주무시고 계셨습니다. 공포에 질린 제자들은 예수님을 깨우면서 "우리가 죽게 된 것을 돌보지

아니하시나이까"(38절)라고 말합니다. 예수님께서는 바람을 꾸짖으시고 바다에게 잠잠하라고 명령하십니다.

그러자 바람이 그치고 바다는 잔잔해집니다(39절). 예수님께서는 "어찌하여 이렇게 무서워하느냐 너희가 어찌 믿음이 없느냐"라고 하시며 제자들을 꾸짖으십니다(40절). 그러자 사람들은 심히 두려워하면서 "그가 누구이기에 바람과 바다도 순종하는가"라고 말합니다(41절). 여기서 그들이란 제자들뿐만 아니라 다른 배들을 타고 있던 사람들을 말할 것입니다.

예수님께서는 제자들에게 믿음이 없는 것을 꾸짖으셨습니다. 그런데 만약 그들에게 믿음이 있었다면 어떻게 하는 것이 정답이었을까요? 예수님이 하셨던 일을 그들이 했어야 할 것입니다. 바람을 꾸짖고 바다에게 잠잠하라고 명령을 했어야 할 것입니다. 하지만 그들은 그런 일을 하지 못했습니다. 그럴 만한 믿음이 없었기 때문입니다.

그렇다면 예수님께서 제자들에게 기대하셨던 믿음은 어떤 것이었을까요? 예수님이 하나님의 아들이시라는 믿음입니다. 하나님의 아들이 세상에 오셨습니다. 그분에게는 사명이 있습니다. 그 사명을 이루시기 전까지는 그 무엇도 하나님의 아들을 해칠 수 없습니다. 그런 믿음이 있었다면 바다를 향해 호통을 칠 수 있었을 것입니다. 예수님께서는 제자들에게 그것을 바라셨을 것입니다.

이것은 우리의 인생에도 적용해 볼 수 있습니다. 우리들 각자에게는 하나님께서 맡기신 사명에 있습니다. 그 사명을 다 이룰 때까지는 우리의 인생이 끝나지 않습니다. 사탄 마귀가 우리를 공격하여 여러 가지 것들을 파괴할 수 있지만 우리의 사명은 파괴하지 못합니다. 그러므로 우리는 세상의 풍파 속에서도 두려워할 필요가 없습니다. 하나님께 받은 사명은 사단 마귀가 건드리지 못하기 때문입니다. 그러므로 인생의 파도가 칠 때 두려워하지 맙시다. 오히려 우리 인생의 파도와 폭풍을 향해 잠잠하라고 명령하는 믿음의 용사들이 됩시다.

【14】

마가복음 5:1-20

이는 예수께서 이미 그에게 이르시기를 더러운 귀신아 그 사람에게서 나오라 하셨음이라

▲

귀신 들린 사람을 고치심

본문은 예수님께서 데가볼리 지역에서 군대 귀신 들렸던 자를 고쳐 주신 이야기를 소개하고 있습니다. 데가볼리 지역은 요단강 건너편에 있던 이방인 거주지역입니다. 이방인들이 살던 곳이었기 때문에 돼지를 식용으로 기르고 있었습니다. 예수님을 알아본 귀신들은 자신들이 돼지에게로 들어갈 수 있도록 해 달라고 부탁합니다(12절). 예수님께서 허락하시자 그들은 돼지들에게 들어갑니다. 그래서 거의 이천 마리나 되는 돼지 떼가 갈릴리 호수로 뛰어들어서 죽어 버렸습니다(13절).

이제 돼지를 치던 자들은 큰일이 났습니다. 만약 저녁에 빈손으로 마을에 들어가서 돼지 이천 마리가 한꺼번에 호수에 뛰어들어 죽었다고 하면 아무도 믿지 않을 것이 뻔합니다. 그래서 그들은 즉시 마을에 들어가서 사람들을 데리고 나옵니다(14절). 자신들의 잘못으로 돼지들을 잃은 것이 아님을 아직 예수님께서 계실 때에 증명해 보이고자 한 것입니다. 그들의 설명을 들은 마을 사람들은 예수님께 그 지방에서 떠나가시기를 간청합니다(17절).

이 단락에서 우리가 기억해야 할 것들이 있습니다. 첫째는 마귀는 우리를 멸망시키기를 원하는 존재라는 것입니다. 요한복음 10장 10절에서 예수님께서는 "도둑이 오는 것은 도둑질하고 죽이고 멸망시키려는 것뿐이요 내가 온 것은 양으로 생명을 얻게 하고 더 풍성히 얻게 하려는 것이라"고 말씀하십니다. 마귀도 초자연적인 능력이 있기 때문에 사람들에게 잘 해 줄 것처럼 그들을 미혹합니다. 하지만 마귀의 궁극적인 목표는 인간들을 파괴하는 것입니다.

둘째로 우리가 기억해야 할 것은 우리는 하나님의 권능뿐만 아니라 하나님의 사랑을 믿어야 한다는 것입니다. 마을 사람들은 어떤 일이 있었는지에 대해 보고를 받습니다(16절). 그런데 그들이 예수님께 보인 반응이 참으로 실망스럽습니다. 그들은 예수님께 그 지방에서 떠나시기를 간구했습니다(17절). 예수님은 그들이 원한다면 그들을 위해 놀라운 일들을 행하여 주실 수 있는 분이셨습니다. 그러나 그들은 사랑의 예수님을 믿지 않았습니다. 그래서 그저 그분을 떠나보내려고만 했던 것입니다. 히브리서 11장 6절은 하나님께 나아가는 자는 반드시 두 가지를 믿어야 한다고 말씀합니다. 그것은 "그가 계신 것"과 "그가 자기를 찾는 자들에게 상 주시는 이"라는 사실입니다. 하나님께서 존재하신다는 사실을 믿는 것만으로는 부족합니다. 우리가 올바른 믿음의 사람이 되려면 그 하나님이 우리를 지극히 사랑하시고 우리를 위하여 온갖 좋은 것들을 베풀어 주실 수 있는 분이라는 사실도 함께 믿어야 합니다.

【15】

마가복음 5:21-34

예수께서 이르시되 딸아 네 믿음이 너를 구원하였으니 평안히 가라 네 병에서 놓여 건강할지어다

혈루증 앓는 여인을 고치심

야이로라고 하는 회당장이 예수님께 찾아와서 자신의 딸을 치료해 달라고 간청합니다(23절). 예수님께서 그의 집을 향해 가시는 도중에 열두 해 동안 혈루증을 앓고 있던 여인이 주님께 다가갑니다(25절). 그녀는 감히 예수님 앞에 나서지는 못하고 뒤로 와서 그 옷에 손을 댑니다(27절). 그러자 그녀의 병은 곧 치료되었습니다(29절). 그런데 예수님께서 갑자기 걸음을 멈추고 뒤돌아보시더니 "누가 내 옷에 손을 대었느냐" 라고 물으십니다(30절). 제자들은 어이가 없다는 듯이 "무리가 에워싸 미는 것을 보시며 누가 내게 손을 대었느냐 물으

시나이까"라고 대답합니다(31절). 여인은 예수님 앞에 엎드려서 모든 사실을 고백합니다(33절). 그러자 예수님께서는 "딸아 네 믿음이 너를 구원하였으니 평안히 가라 네 병에서 놓여 건강할지어다"라고 하시며 그녀를 축복해 주십니다(34절).

그런데 예수님께서는 왜 그런 질문을 하셔서 여인을 당혹스럽게 하신 것일까요? 그냥 조용히 지나가셨다면 여인은 집으로 돌아가서 건강한 몸으로 행복하게 살지 않았겠습니까? 예수님께서 그런 질문을 던지신 것은 그 여인을 위한 것이었습니다. 여인의 몸은 치료가 되었지만 다른 사람들은 그 사실을 모릅니다. 그러므로 그녀는 앞으로도 사회적으로 차별을 받으며 살 수밖에 없습니다. 하지만 예수님께서 그런 질문을 하셨기 때문에 여인은 모든 사람들이 보는 앞에서 정결함이 증명되었습니다. "딸아 네 믿음이 너를 구원하였으니 평안히 가라 네 병에서 놓여 건강할지어다"라는 예수님의 말씀은 그녀의 몸이 치료되었을 뿐만 아니라 그녀의 믿음이 하나님께 인정을 받았음을 사람들 앞에서 공적으로 선포해 주신 것입니다.

우리는 제자들의 대답에도 주목해야 합니다. 예수님께서 누가 내 옷에 손을 대었느냐라고 하셨을 때 그들은 "무리가 에워싸 미는 것을 보시며 누가 내게 손을 대었느냐 물으시나이까"라고 반문합니다. 무슨 말입니까? 예수님의 옷에 손을 댄 사람은 무수히 많았다는 뜻입니다. 하지만 그 모든 사람들이 다 치료를 받았습니까? 아닙니다. 오직 내가 예수님의 옷에만 손을 대어도 치료를 받으리라는 믿음을 가졌던 한 여인만 치료를 받았습니다(28절). 지금도 마찬가지입니다. 우리가 예배를 드릴 때 예수님께서 오셔서 "누가 기도를 하고, 찬송을 부르고, 설교말씀을 들었느냐"라고 물으실 것입니다. 그러면 우리는 우리 모두가 그렇게 했다고 대답할 것입니다. 하지만 예수님께서는 우리 중에서 오직 믿음으로 그 일을 행했던 자들만을 위해 능력을 베풀어 주실 것입니다. 이 여인을 본받아 믿음을 가지고 예수님께 나아갑시다.

【16】

마가복음 5:35-43

예수께서 그 하는 말을 곁에서 들으시고 회당장에게 이르시되 두려워하지 말고 믿기만 하라 하시고

▲

야이로의 딸을 살리심

혈루병 걸린 여인을 고쳐 주셨을 때 회당장의 집에서 사람들이 와서 그의 딸의 죽음을 전합니다(35절). 예수님께서는 회당장에게 두려워하지 말고 믿기만 하라고 당부하십니다(36절). 그리고 그의 집에 가셔서 죽은 소녀에게 "내가 네게 말하노니 소녀야 일어나라"라고 말씀하십니다(41절). 그러자 그 소녀는 다시 살아납니다(42절).

여기서 우리는 몇 가지를 살펴보아야 합니다. 먼저 사람들의 태도와 예수님의 태도의 차이입니다. 사람들은 회당장의 딸이 죽자 이제 모든 것이 끝났다고 생각하고 선생을 더

이상 괴롭게 하지 말라고 이야기합니다(35절). 하지만 예수님께는 아직 끝난 것이 아닙니다. 예수님께서는 이제 일을 시작하십니다. 우리도 마찬가지입니다. 이제 아무런 소망이 없다고 생각하는 것은 우리의 생각일 뿐입니다. 우리의 문제를 하나님께 가져다 드렸을 때 하나님께서는 이제 일을 시작하십니다.

둘째, 우리는 예수님께서 회당장에게 요구하신 두 가지 명령도 주목해 보아야 합니다. 하나는 소극적인 명령으로서 두려워하지 말라는 것이고, 후자는 적극적인 명령으로서 믿기만 하라는 것입니다(36절). 하나님을 믿는 것의 반대는 두려워하는 것입니다. 성경에는 두려워하지 말라는 명령이 정말로 많이 등장합니다. 그 이유는 우리가 두려워하는 것을 하나님께서는 대단히 싫어하시기 때문입니다. 두려움은 하나님에 대한 불신의 표현입니다. 우리는 나의 사정을 아시고 무한하신 사랑으로 우리를 돌봐주실 준비가 되어 있으신 하나님을 믿어야 합니다.

세 번째로 우리가 기억해야 할 것은 본문에서 예수님께서 아이를 살려 주셨다고 해서 지금도 모든 죽은 자들을 기도만 하면 살려 주신다는 뜻은 아니라는 것입니다. 성경은 분명히 "한번 죽는 것은 사람에게 정해진 것이요"(히 9:27)라고 말씀합니다. 여기서 아이를 살려주신 것은 예수님께서 생명의 주님이 되시며 세상 마지막 날 모든 사람들을 부활시키고 믿는 자들을 천국으로 인도하실 것이라는 사실에 대한 표적으로 하신 일입니다. 죽은 사람을 부활시키신 예는 이곳에만 등장하는 것이 아닙니다. 누가복음 7장에서는 나인성 과부의 아들을 살리셨고(15절), 요한복음 11장에서는 죽은 나사로를 살리셨습니다(44절). 또 마태복음 27장에서는 예수님께서 십자가에서 돌아가셨을 때 무덤에서 자던 성도들이 많이 일어났다고 말씀합니다(52절). 그런데 그 모든 사람들의 공통점이 무엇입니까? 다시 죽었다는 것입니다. 그들의 부활은 최후의 부활의 예표였을 뿐입니다. 오늘날 똑같은 기적을 기대해서는 안 됩니다.

【17】

마가복음 6:1-13

예수께서 그들에게 이르시되 선지자가 자기 고향과 자기 친척과 자기 집 외에서는 존경을 받지 못함이 없느니라 하시며

고향에서 배척을 받으심

본문 중 첫 단락에서는 예수님께서 고향을 찾아가셔서 사역하신 모습이 나타납니다. 그런데 고향 사람들 사이에서는 권능을 행하실 수 없었습니다(5절). 그 이유는 사람들이 예수님을 믿지 않았기 때문입니다(6절). 예수님께서는 사람들이 믿음으로 나아올 때 그들에게 권능을 베풀어 주셨습니다. 수로보니게 족속 여인에게는 "여자여 네 믿음이 크도다 네 소원대로 되리라"(마 15:28)라고 하시며 그의 딸을 고쳐주셨고, 혈루증을 앓던 여인에게는 "딸아 네 믿음이 너를 구원하였으니 평안히 가라"(막 5:34)라고 하셨습니다. 또 맹인에게는 "가라

네 믿음이 너를 구원하였느니라"라고 하시며 그를 치유해 주셨습니다(막 10:52). 그런데 예수님의 고향 사람들은 예수님을 믿지 않았습니다. 그렇기 때문에 그들에게는 아무 권능도 행하실 수 없었습니다.

그렇다면 왜 그들은 예수님을 믿지 못했을까요? 그들이 예수님에 대해 어떻게 생각하고 있었는가 하는 것이 3절에 나타납니다. 그들은 "이 사람이 마리아의 아들 목수가 아니냐 야고보와 요셉과 유다와 시몬의 형제가 아니냐 그 누이들이 우리와 함께 여기 있지 아니하냐"라고 하며 예수님을 배척합니다.

우리는 예수님을 참 하나님이시자 참 사람으로 믿어야 합니다. 두 가지 중 하나라도 놓치면 안 됩니다. 그런데 사람들이 예수님에 대해 말하는 것은 온통 예수님이 어떤 사람이신가에 대한 것뿐입니다. 예수님이 하나님의 아들이시라는 언급은 전혀 없습니다. 그러니 예수님을 올바로 믿을 수가 없습니다. 우리는 백 퍼센트 참된 하나님이시자 백 퍼센트 참된 사람이신 예수님을 믿어야 합니다. 그런 믿음이 있을 때 예수님의 권능이 우리와 함께 하실 것입니다.

두 번째 단락에서는 열두 제자들을 전도자로 파송하시는 장면이 나옵니다(7절). 예수님께서는 그들에게 지팡이 외에는 그 어떤 소지품도 가지지 말라고 하십니다(8절). 심지어 여분의 옷을 가지지 말라고 하십니다(9절). 제자들은 나가서 회개하라고 전파하고(12절), 귀신을 쫓아내며 병자들을 치료하는 사역을 합니다(13절). 여기서 알 수 있는 것은 제자들과 예수님은 그 삶의 모습이 똑같다는 것입니다. 제자는 사는 방식과 하는 사역이 그 스승의 것과 동일해야 합니다. 제자들은 정확히 예수님과 똑같은 방식으로 살았고 예수님께서 하셨던 것과 똑같은 사역을 했습니다. 우리들도 마찬가지입니다. 성경은 우리에게 그리스도에게까지 자라가야 한다고 말씀합니다. "오직 사랑 안에서 참된 것을 하여 범사에 그에게까지 자랄지라 그는 머리니 곧 그리스도라"(엡 4:15). 우리는 부지런히 예수님을 닮아가야 합니다.

【18】

마가복음 6:14-29

이는 요한이 헤롯에게 말하되 동생의 아내를 취한 것이 옳지 않다 하였음이라

▲

세례 요한의 죽음

본문은 세례 요한의 죽음에 대해 말씀하고 있습니다. 당시 갈릴리 지역과 베레아(Perea) 지역을 다스리고 있던 헤롯 안디바는 동생 필립의 아내인 헤로디아와 결혼을 합니다. 이것을 세례 요한이 지적하자 안디바는 요한을 감옥에 가두었습니다(17절). 안디바의 생일잔치에서 헤로디아의 딸인 살로메가 춤을 추어 사람들을 기쁘게 했습니다(22절). 헤롯은 그녀가 원하는 것을 무엇이든 주겠다고 약속을 했습니다(23절). 살로메는 어머니 헤로디아의 지시를 받아 세례 요한을 죽여달라고 말합니다(25절). 왕은 근심했으나 자신의 체면 때문에 그것을 거절하지 못하고 결국 세례요한을 죽이고 맙니다(27절).

이 사건 속에서 두 종류의 죄인과 한 의인이 등장합니다. 첫째는 선지자의 지적에 번민하기는 했지만 끝내 올바른 결단을 내리지 못한 죄인입니다. 그는 헤롯 안디바입니다. 헤롯은 요한을 거룩한 사람으로 인정했습니다. 그가 설교를 할 때면 괴로워하는 마음으로 그것을 달갑게 듣기도 했습니다(20절). 그러나 거기까지였습니다. 그는 하나님의 선지자를 보호하지 않았습니다. 안디바는 유약하고 위선된 죄인이었습니다.

두 번째는 자신의 권력을 위해 의인을 죽인 죄인입니다. 이것은 헤로디아를 말합니다. 역사책을 읽어보면 헤로디아는 무척 권력지향적인 여자였습니다. 전남편인 빌립에게서 강제로 이혼을 당하고 안디바와 결혼을 하게 된 것을 슬퍼했던 여자가 절대로 아닙니다. 만약 그랬다면 그 일의 불법성을 지적했던 세례 요한을 응원했어야 할 것입니다. 그러나 헤로디아는 자신이 왕비가 된 것을 즐거워했습니다. 그래서 그 자리를 방해하는 세례 요한을 미워했습니다. 그녀에게는 자신의 권력만이 중요했습니다. 무엇이 진리이고 누가 의인인지는 중요하지 않았습니다. 결국 그녀는 주후 39년에 먼 귀향지로 쫓겨나 그곳에서 쓸쓸하게 죽게 됩니다.

우리가 살펴보아야 할 세 번째 인물은 하나님의 계명을 지키기 위해 기꺼이 자신의 목숨을 내놓은 의인입니다. 바로 세례 요한입니다. 모두들 그를 순교자라고 부릅니다. 그런데 여기서 생각해 볼 것이 있습니다. 세례 요한은 우상 숭배를 거부했기 때문에 죽은 것이 아닙니다. 단지 헤롯에게 동생의 아내를 취하는 것이 옳지 않다고 지적했기 때문에 죽었습니다(18절). 이것도 순교입니까? 예, 그렇습니다. 하나님의 계명을 올바로 가르치고 실천하기 위해 노력하다가 죽는 것도 순교입니다. 세례 요한은 그런 순교의 전형적인 예를 보여주고 있습니다. 우리도 생명을 다해 주님의 계명을 지키는 자들이 되어야 하겠습니다.

【19】

마가복음 6:30-44

예수께서 나오사 큰 무리를 보시고 그 목자 없는 양 같음으로 인하여 불쌍히 여기사 이에 여러 가지로 가르치시더라

▲

오병이어의 기적

본문은 예수님께서 떡 다섯 개와 물고기 두 마리로 오천 명이 넘는 사람들을 먹이신 기사입니다. 예수님께서 어떤 한적한 곳으로 제자들과 함께 배를 타고 가셨습니다(32절). 그러자 많은 사람들이 여러 고을에서 나와서 도보로 예수님이 가시려는 곳으로 달려갔습니다(33절). 예수님께서는 그들을 불쌍히 여기셔서 여러 가지로 가르치셨습니다(34절). 날이 저물어 가자 제자들은 사람들을 마을로 보내서 먹을 것을 사 먹게 하자고 말씀드립니다(36절). 예수님께서는 제자들에게 너희가 먹을 것을 주라고 하십니다(37절). 제자들은 난색을 표했

지만 예수님께서는 결국 떡 다섯 개와 물고기 두 마리를 통해 오천 명이 넘는 무리가 배불리 먹을 수 있도록 해 주십니다(41절).

이 기적이 가능하게 된 요인에는 두 가지가 있습니다. 첫째는 예수님께서 그들을 긍휼히 여기신 것입니다. 그런데 본문을 자세히 살펴보면 그 무리도 참 사랑스러운 사람들입니다. 그들은 예수님께서 제자들과 함께 배를 타고 가시는 것을 보고 그 도착지점을 예상한 후 도보로 그곳으로 달려갔습니다(33절). 그리고 예수님께서 그곳에 도착하시기 전에 먼저 그곳에 자리를 잡고 앉아 있었습니다(33절). 얼마나 사랑스러운 사람들입니까? 예수님께서는 이렇게 하나님의 말씀을 사모하는 자들을 긍휼히 여기십니다.

둘째, 이 기적은 떡 다섯 개와 물고기 두 마리를 예수님께 바친 어떤 사람의 헌신이 있었기 때문에 가능했습니다. 성경을 보면 하나님께서는 인간들의 작은 헌신을 통해 기적을 이루시는 것을 기뻐하시는 것을 볼 수 있습니다. 예를 들자면, 요한복음 11장에서 예수님께서 죽은 나사로를 살리신 때 사람들에게 무덤을 막고 있는 돌을 옮겨 놓으라고 명령하십니다(39절). 죽은 사람도 살리시는 예수님께서 그까짓 돌을 기적으로 못 옮기시겠습니까? 그러나 예수님께서는 사람들의 작은 수고와 헌신을 바탕으로 하여 기적을 베푸시기를 기뻐하십니다.

구약에서도 그런 예는 여러 군데에서 찾아볼 수 있습니다. 이를테면 여호수아 6장에서 하나님께서는 이스라엘 백성들이 매일 여리고 성을 돌고 마지막에는 소리를 지르는 것을 통해 성이 무너지게 하십니다. 그 견고하기로 유명했던 여리고성이 사람들이 그런 일을 했다고 해서 무너질 수는 없는 것입니다. 여리고 성이 무너지고, 죽은 나사로가 살아나고, 떡 다섯 개와 물고기 두 마리로 수만 명이 배불리 먹는 것은 전적으로 하나님의 기적입니다. 그러나 하나님께서는 믿는 자들의 작은 헌신과 희생을 통하여 그런 일을 이루기를 기뻐하십니다.

【20】

마가복음 6:45–56

그들이 다 예수를 보고 놀람이라 이에 예수께서 곧 그들에게 말씀하여 이르시되 안심하라 내니 두려워하지 말라 하시고

물 위를 걸으심

예수님께서는 제자들이 배를 타고 갈릴리 바다 건너편으로 가게 하신 후(45절) 산에 올라가셔서 기도를 드렸습니다(46절). 제자들은 역풍을 맞아 밤새도록 힘겹게 노를 저었습니다. 예수님께서는 밤 사경쯤에 바다 위를 걸어서 그들에게 다가가셨습니다(48절). 밤 사경이란 로마인들의 시간 단위로서 오늘날의 시간으로는 새벽 3시부터 6시까지를 말합니다. 제자들은 바다 위로 누가 걸어오는 모습을 보고 유령인 줄 알고 공포에 질려 소리를 지릅니다(49절). 그러자 예수님께서는 곧 그들에게 "안심하라 내니 두려워하지 말라"고 하십니다(50절).

예수님께서 배에 오르시자 바람이 잔잔해졌습니다(51절).

이 장면에서 우리의 주목을 끄는 것은 48절입니다. 예수님께서는 바다 위를 걸어서 그들에게 오셨습니다. 그런데 배에 오르시는 것이 아니라 그들을 그냥 지나쳐 가시려는 듯한 태도를 취하셨습니다. 그들에게 오신 것은 분명히 그들을 돕기 위해서였을 텐데 왜 그냥 지나가려고 하셨을까요? 이것은 모순되는 것처럼 보입니다. 아마도 예수님께서는 제자들이 예수님을 알아보기를 기대하셨을 것입니다. 그들은 얼마 전에 바다를 잠잠하게 하시는 예수님의 능력을 보았고(막 4:39), 방금 전에는 기적적으로 오천 명이 넘는 사람들을 먹이시는 것을 보았습니다. 그렇다면 예수님께서 물 위를 걸어오실 수 있다는 것을 알았어야 합니다.

예수님께서는 그들이 두려워하지 않고 태연한 표정으로 예수님을 맞아들일 것을 기대하셨을 것입니다. 하지만 제자들의 태도는 예수님의 기대를 완전히 저버렸습니다. 그들은 공포에 질려서 비명을 질렀습니다(49절). 그러자 예수님께서는 그들에게 실망감을 표현하시는 대신 곧 그들을 안심시키십니다(50절). 그들을 위로하시되 지체 없이 곧 행하십니다.

그런데 제자들은 왜 그런 기적들을 경험했으면서도 여전히 예수님을 믿지 못하고 있었을까요? 거기에 대한 답은 52절에 나옵니다. 그것은 그들이 떡 떼시던 일을 깨닫지 못하였기 때문이라고 말씀합니다. 그 사건 자체를 기억하지 못했다는 것이 아닙니다. 그 사건은 기억했지만 그 사건의 의미는 깨닫지 못했다는 것입니다. 그 사건의 의미가 무엇입니까? 예수님이 하나님이 아들이시라는 것입니다. 제자들은 떡을 먹는 것은 즐겼지만 그 사건을 통해 예수님이 어떤 분이심을 깨닫는 데는 실패했습니다. 그래서 물 위를 걸어오시는 예수님을 보고 공포에 질려 비명을 질렀습니다. 하지만 자비로우신 예수님께서는 그들을 위로하십니다. 우리가 믿음이 없어서 실패를 할 때도 예수님께서는 여전히 우리를 품어 주시고 위로해 주실 것입니다.

【21】

마가복음 7:1-13

이르시되 이사야가 너희 외식하는 자에 대하여 잘 예언하였도다 기록하였으되 이 백성이 입술로는 나를 공경하되 마음은 내게서 멀도다

▲

장로들의 전통을 비판하심

본문을 이해하기 위해서는 말씀 가운데 자주 등장하는 장로들의 전통 혹은 사람의 전통이라는 것이 무엇을 뜻하는지 알아야 합니다. 바리새인들은 성경에 등장하는 계명들을 더 잘 지키기 위해서라는 명분으로 자기들이 여러 가지 계명들을 추가적으로 만들었습니다. 그리고 그것이 모세시대 때부터 입에서 입으로 전해져 내려온 하나님의 율법이라고 거짓말을 했습니다. 그것이 바로 성경에서 장로들의 전통이라고 불리고 있는 것입니다.

손을 씻지 않고 떡을 먹으면 부정하다는 계명은 구약 성

경에 없습니다. 그것은 바리새인들이 만들어 낸 인간의 규정일 뿐입니다. 그런데 예수님의 제자들이 그 규정을 지키지 않고 떡을 먹자 바리새인들은 예수님을 공격합니다(5절). 당신의 제자들이 잘못된 행동을 하는 것은 스승인 당신의 허물이라는 것입니다. 그러자 예수님께서는 그들이 하나님의 계명이라고 주장하는 것이 사실은 사람의 계명에 불과하다고 말씀하십니다.

예수님께서는 7절과 8절에서 사람의 계명, 사람의 전통이라는 명칭을 사용하시고, 13절에서는 그것을 너희가 전한 전통이라고 부르십니다. 한 마디로 그것들은 하나님의 계명이 아니라는 것입니다. 예수님께서는 심지어 그것들이 하나님의 계명과 잘 조화를 이루는 것도 아니라고 말씀하십니다. 8절과 9절과 13절에서 예수님께서는 그들의 전통과 하나님의 계명을 날카롭게 대립시키십니다. 다시 말해서 바리새인들이 그토록 중요하게 생각하는 장로들의 전통은 오히려 하나님의 말씀과 충돌하고 있다는 것입니다.

예수님께서는 그 예를 고르반이라는 제도를 통해 설명하십니다(11절). 원래 고르반이라는 것은 자신의 재산 중에서 나중에 언젠가 하나님께 바치고자 하는 것이 있을 때, 그것을 미리 하나님의 것이라고 선언해 두는 것을 말합니다. 고르반으로 선언한 것은 남에게 팔지 못하고 자신이 약속한 때가 되었을 때 하나님께 드리도록 되어 있었습니다. 그런데 당시 사람들은 이 제도를 악용했습니다. 자신은 재산이 많지만 부모를 물질적으로 공양하기는 싫을 때, 자신의 재산들을 고르반으로 선포합니다. 그러면 왜 재산을 팔아서라도 부모를 공양하지 않느냐는 주변 사람들의 비난을 피할 수 있게 됩니다. 그리고 부모님이 돌아가실 때까지 실컷 자기 재산을 즐기며 살다가 결국 하나님께 바치지도 않았습니다. 이것은 절대로 하나님의 뜻이 아닙니다. 그들은 이와 같이 자신들이 만든 제도로 하나님의 뜻을 어겼던 것입니다. 하나님의 말씀에는 절대로 무엇을 덧붙여도 안 되고 거기서 무엇을 빼버려도 안 됩니다.

[22]

마가복음 7:14–23

무엇이든지 밖에서 사람에게로 들어가는 것은 능히 사람을 더럽게 하지 못하되 사람 안에서 나오는 것이 사람을 더럽게 하는 것이니라 하시고

▲

사람 안에서 나오는 것

오늘 단락은 "무리를 다시 불러 이르시되"라는 말씀으로 시작됩니다(14절). '다시'라는 단어가 사용된 것은 이 문단이 앞의 문단의 연장임을 보여줍니다. 앞 문단에서 예수님께서는 바리새인들을 비판하셨습니다. 그것이 계속 이어진다는 뜻입니다. 예수님께서는 무리에게 "무엇이든지 밖에서 사람에게로 들어가는 것은 능히 사람을 더럽게 하지 못하되 사람 안에서 나오는 것이 사람을 더럽게 하는 것"이라고 말씀하십니다(막 7:15, 16). 밖에서 사람에게로 들어가는 것은 음식입니다. 그것은 사람들의 몸 안에서 소화되고 필요 없는 것은 밖

으로 배출됩니다(19절). 그런데 안에 있는 것이 사람을 더럽게 합니다(20절). 구체적으로 그것이 무엇인지는 21절과 22절에서 자세하게 열거되고 있습니다. 그것은 악한 생각, 음란, 도둑질, 살인, 간음과 같은 것들입니다.

그런데 이 짧은 문단 속에서 네 번이나 반복해서 사용된 단어가 있습니다. 그것은 '나오는'이라는 단어입니다(16, 20, 21, 23절). 그 악한 것들은 밖으로 나오는 속성을 가지고 있습니다. 그렇기 때문에 안에 악한 것이 있으면 겉을 아무리 포장하고 행위를 통제하려고 해도 소용이 없습니다. 바리새인들은 사람에게 보이는 외적인 행위를 자세하고 엄격하게 규율함으로써 깨끗함을 얻으려고 했습니다. 하지만 그것은 헛고생입니다. 사람 안에 있는 악한 것들이 변화되지 않는 이상 그들의 수고는 열매를 맺을 수 없습니다.

피부에 이상이 생겼을 때 집에서 할 수 있는 일은 화장품을 발라서 그것을 가리는 일입니다. 하지만 그것은 근본적인 해결책이 될 수 없습니다. 피부에 이상이 생긴 것을 해결하기 위해서는 피부과 병원을 찾아가야 합니다. 그러면 의사는 그 원인을 진단하고 피부 안쪽에서부터 겉으로 나오는 악한 것들을 제거할 수 있는 방안을 마련해 줍니다. 우리 속사람이 바뀌어야 한다는 것입니다.

그러면 우리는 우리 속에 악한 것들을 어떻게 바꿀 수 있습니까? 본 단락의 목적은 바리새인들의 대한 비판이기 때문에 그 답은 다른 곳을 찾아보아야 합니다. 여러 곳에서 그 답을 말씀하고 있는데 구약에서 대표적인 구절을 고르라면 에스겔 36장의 말씀입니다. "새 영을 너희 속에 두고 새 마음을 너희에게 주되 ... 내 영을 너희 속에 두어 너희로 내 율례를 행하게 하리니"(26, 27절). 성령님께서 내 속에 오시는 것입니다. 성령님께서 찾아오셔서 근본적으로 나를 바꿔 주셔야 합니다. 오직 그럴 때만 우리가 변화될 수 있습니다.

[23]

마가복음 7:24-30

예수께서 이르시되 이 말을 하였으니 돌아가라 귀신이 네 딸에게서 나갔느니라 하시매

수로보니게 여인의 딸을 고치심

예수께서는 갈릴리를 떠나 두로 지역으로 가셨습니다(24절). 그 곳으로 가신 이유는 아마도 휴식을 취하시기 위해서였던 것 같습니다. 왜냐하면 예수님께서 한 집에 들어가 아무도 모르게 하시려 했다고 말씀하고 있기 때문입니다(24절). 그러나 예수님에 대한 소문은 이미 그곳에도 널리 퍼져 있었습니다. 그래서 어떤 귀신 들린 어린 딸을 둔 여인이 예수님께 찾아왔습니다(25절). 그 여자는 헬라인이요 수로보니게 족속이라고 나와 있습니다(26절).

신약성경에서 헬라인이라는 단어에는 두 가지 용법이 있습니다. 하나는 본토 그리스 사람이라는 뜻이 있고, 또 하나

는 백인 계통의 외국인이라는 뜻입니다. 양키라는 단어는 미국 남북전쟁 당시 남부 사람들이 북부 사람들을 경멸의 의미로 불렀던 명칭입니다. 그런데 과거 우리나라에서는 모든 백인들을 전부 양키라고 불렀습니다. 헬라인이라는 단어가 당시 그렇게 사용되었습니다. 이 여자의 경우도 그러합니다. 그 여인은 수로보니게 족속이라고 나와 있는데 이것은 시리아의 뵈니게(Phoemicia) 출신이라는 뜻입니다. 그리스 본토 사람은 아니었습니다.

그 여자는 예수님께 자신의 딸을 치료해 달라고 간구합니다(26절). 그런데 예수님의 반응이 이상합니다. 자녀에게 줄 떡을 개들에게 던지는 것은 마땅치 아니하다고 말씀하십니다(27절). 그녀의 간청을 매몰차게 거절하시는 것 같습니다. 이에 대해 여자는 상 아래 개들도 아이들이 먹던 부스러기를 먹는다고 대답합니다(28절). 이 대답을 들으신 예수님께서는 "이 말을 하였으니 돌아가라"고 하시며 그 여인의 딸을 치료해 주십니다(29절). 이것을 통해 우리는 예수님께서 여인의 요구를 거절하신 것이 단지 테스트였다는 것을 알 수 있습니다. 그 여인을 시험하셨는데 여인이 제대로 된 대답을 했습니다. 그러자 예수님께서는 이 말을 하였으니, 즉 정답을 말하였으니 네 딸을 치료해 주겠다고 말씀하신 것입니다.

그렇다면 여인은 어떤 것 때문에 예수님께 합격점수를 받았을까요? 우선 여인이 예수님을 '주여'라고 불렀다는 것에 주목해야 합니다. 이것은 일반적인 존칭으로 볼 수도 있지만 이상하게도 마가복음에서는 예수님을 '주여'라고 부른 경우가 딱 이곳밖에는 없습니다. 그 여인에게는 예수님의 주 되심을 믿는 깊은 믿음이 있었다는 뜻입니다. 두 번째로, 그 여인은 예수님 앞에서 기꺼이 자기 자신을 낮추었습니다. 자신을 개라고 부르는 것을 기꺼이 받아들이고, 그래도 좋으니 제발 내 딸만은 치료해 달라고 간구합니다. 예수님께서는 그녀의 믿음과 간절함을 보시고 그 여인의 딸을 치료해 주셨습니다.

【24】

마가복음 7:31-37

하늘을 우러러 탄식하시며 그에게 이르시되 에바다 하시니 이는 열리라는 뜻이라

▲

귀 먹고 말 더듬는 사람을 고치심

예수님께서는 시돈과 데가볼리 지역을 거쳐서 갈릴리 호수에 이르셨습니다(31절). 그곳에서 어떤 사람들이 귀 먹고 말 더듬는 사람을 데리고 와서 치료를 간구했습니다(32절). 예수님께서는 그 사람을 따로 데리고 어디론가 가십니다. 그리고 손가락을 그의 두 귀에 넣고 침을 뱉은 손을 그의 혀에 대십니다(33절). 이것은 우리에게 조금 낯선 장면입니다. 왜냐하면 예수님께서는 그냥 말씀만으로도 능히 치료를 하실 수 있는 분이시기 때문입니다. 왜 그를 따로 데리고 가셔서 이렇게 복잡한 행동을 하시는 것일까요? 정확한 이유는 알 수 없지만 아마도 그 환자의 상태가 예수님의 그런 행동을 필요로

했던 것 같습니다. 많은 경우에 환자들은 자신의 의지에 의해 간절한 마음을 가지고 예수님께 나아왔습니다. 하지만 이 환자의 경우에는 다른 사람들이 그를 데리고 왔을 뿐입니다(32절). 아마도 예수님에 대한 신뢰와 믿음이 부족한 사람이었던 것 같습니다. 그래서 예수님께서는 그런 행위들을 통해 그를 향한 예수님의 관심과 사랑을 보여 주시려고 한 것 같습니다. 하나님께서 기적을 베푸시는 방법은 다양합니다. 대상인 사람의 상태에 따라 여러 가지 방법을 사용하셔서 역사를 이루십니다.

34절은 예수님께서 하늘을 우러러 탄식하셨다고 말씀합니다. 이것은 환자의 상태에 대한 깊은 연민을 뜻하기도 하고 인간의 타락으로 인하여 세상에 만연하게 된 보편적 고통에 대한 분노의 표현일 수도 있습니다. 우리는 비슷한 상황을 요한복음 11장에서 찾을 수 있습니다. 죽은 나사로 때문에 주변에 있는 사람들이 슬퍼하자 예수님께서는 눈물을 흘리셨습니다. "이르시되 그를 어디 두었느냐 이르되 주여 와서 보옵소서 하니 예수께서 눈물을 흘리시더라"(요 11:34, 35). 그 눈물의 의미도 아마 이곳에서의 탄식과 비슷할 것입니다. 죄와 저주의 짐에 눌려서 신음하며 살아가는 인간들에 대한 예수님의 깊은 연민의 탄식일 것입니다.

예수님께서는 그를 고치신 후(35절) 그 환자와 그를 데려

왔던 사람들에게 아무에게도 이 일을 이르지 말라고 경고하십니다(36절). 이런 경고는 앞에서도 계속 등장했었습니다(막 1:43, 44; 3:12; 5:43). 그러나 사람들은 예수님의 경고를 무시하고 자신들이 경험한 기적을 이야기합니다. 얼핏 보면 그것이 복음 전파에 도움이 될 것 같지만 전혀 그렇지 않았습니다. 그들에게 필요한 것은 예수님이 어떤 분이신가에 대한 이해인데 그런 이해는 전혀 없이 기적 자체만을 이야기하며 다녔습니다. 그렇기 때문에 그들은 예수님께서 재판을 받으실 때 예수님을 십자가에 못 박으라고 소리치는 군중으로 변했던 것입니다. 기적이 중요한 것이 아니라 그 기적을 행하시는 예수님이 어떤 분이신지를 바로 아는 것이 중요합니다.

【25】

마가복음 8:1-13

예수께서 무리를 명하여 땅에 앉게 하시고 떡 일곱 개를 가지사 축사하시고 떼어 제자들에게 주어 나누어 주게 하시니 제자들이 무리에게 나누어 주더라

사천 명을 먹이심

"그 무렵에 또 큰 무리가 있어"(1절)라는 표현은 이것이 앞서 설명했던 오병이어 사건의 재진술이 아니라 새로운 별개의 사건임을 나타내 줍니다. 예수님께서는 "내가 무리를 불쌍히 여기노라"(2절)라고 말씀하십니다. 이 기적이 이루어지게 된 근거가 예수님의 긍휼하심임을 드러냅니다. 그것은 특별히 예수님을 사모하여 그 말씀을 경청했던 사람들에 대한 긍휼의 마음이기도 합니다. 그들은 이미 사흘씩이나 예수님을 따라 다녔습니다. 그들에게는 이제 먹을 것이 없었습니다(2절). 제자들은 이 광야 어디에서 떡을 얻을 수 있겠느냐고 묻습니

다(4절) 오병이어 기적의 경우에는 사람들이 촌과 마을로 가서 무엇을 사 먹는 것이 가능했습니다(막 6:36). 하지만 지금 그들은 마을과 멀리 떨어진 광야 한 가운데 있습니다. 더 상황이 어렵습니다. 예수님께서는 그들에게 떡이 몇 개나 있는지 물으십니다. 일곱 개가 있었습니다(5절). 예수님께서는 그것들을 축복하시고 제자들에게 그것을 나누어 주도록 하십니다(6절).

여기서 우리는 이런 생각을 해 볼 수 있습니다. 예수님은 세상을 창조하신 창조주이십니다. 그러므로 사람들로 하여금 자기 주변에서 적당한 크기의 돌을 집어 들도록 하신 후 그 돌들을 따끈따끈한 떡으로 바꾸어 주실 수도 있었을 것입니다. 물로 포도주를 만드셨던 예수님이시니 그런 일도 능히 하실 수 있었습니다. 하지만 예수님께서는 그런 식으로 일하지 않으셨습니다. 사람들이 가지고 있는 먹거리를 조사하게 하시고 그것을 통하여 그들의 문제를 해결해 주셨습니다. 이것이 예수님께서 우리의 문제를 해결하시는 방식입니다. 우리가 가지고 있는 것 중에 작은 것이라도 그것을 하나님께 헌신하면 주님께서는 그것을 통하여 역사하십니다. 그냥 돌멩이를 직접 떡으로 만드셔서 사람들이 먹도록 하시는 법은 없습니다. 내 문제가 해결되기를 원한다면 내가 지금 예수님께 헌신할 수 있는 것이 무엇인지를 살펴보아야 합니다. 그것은 재물일 수도 있고 재능일 수도 있고 우리의 시간일 수도 있습니다. 8절은 그들이 배불리 먹고 남은 조각 일곱 광주리를 거두었다고 말합니다. 예수님께서 공급 하실 때는 필요에 넘치도록 공급하십니다.

예수님께서 달마누다 지방으로 가시자 바리새인들이 예수님께 와서 논쟁을 벌입니다. 그들은 하늘로부터 오는 표적을 구합니다(11절). 표적은 항상 사람들이 예수님을 믿게 하기 위하여 주어졌습니다. 그런데 지금 이 바리새인들은 예수님을 믿을 마음이 전혀 없습니다. 오직 예수님을 정죄하고 넘어뜨리기 위해서 논쟁을 할 뿐입니다. 그런 경우에는 표적을 주시는 것이 아무 의미가 없습니다. 그래서 예수님께서는 이 세대에게 표적을 주지 않겠다고 말씀하십니다(12절). 예수님께서는 무익하고 무의미한 일은 하지 않으십니다.

[26]

마가복음 8:14-26

예수께서 경고하여 이르시되 삼가 바리새인들의 누룩과 헤롯의 누룩을 주의하라 하시니

바리새인들과 헤롯의 누룩에 대한 경고

예수님께서는 제자들에게 경고를 하십니다(15절). 경고라는 단어가 사용된 것으로 보아 예수님의 말투 자체가 평상시와는 다르게 뭔가 단호했을 것입니다. 그 내용은 바리새인들의 누룩과 헤롯의 누룩을 주의하라는 것입니다. 누룩은 그들의 교훈을 말합니다(마 16:12). 그것을 누룩이라고 표현하신 것은 누룩의 생명력 때문입니다. 밀가루에 누룩을 넣으면 그것이 반죽 전체에 퍼져 가듯이 바리새인들과 헤롯의 잘못된 교훈을 받아들이면 그것이 우리의 생각과 삶의 모든 부분에 영

향을 미치게 됩니다. 그러므로 그들의 잘못된 교훈을 극도로 조심해야 합니다.

그런데 제자들의 반응이 뜻밖입니다. 그들은 우리에게 떡이 없기 때문에 예수님께서 누룩에 대해서 말씀하신다고 이야기합니다(16절). 예수님께서는 실망하셨습니다. 그래서 제자들을 꾸중하십니다. 17절부터 21절까지 무려 5절에 걸쳐서 예수님의 꾸중이 등장합니다. 꾸중이 길다는 것은 그것이 매우 중요한 문제임을 가리킵니다. 그러면 그 내용은 무엇입니까? 예수님의 제자들은 경제적인 문제에 몰두하면 안 된다는 것입니다. 그들은 진리를 전하고 수호해야 하는 자들입니다. 그들이 경제적인 문제에 온통 마음을 빼기고 있으면 안 됩니다.

예수님께서는 기적을 통해 오천 명의 사람들과 사천 명의 사람들을 먹이셨던 사건을 상기시키십니다(19, 20절). 주의 종의 먹는 문제는 하나님께서 알아서 보장해 주신다는 뜻입니다. 제자들은 진리에 신경을 써야 합니다. 예수님의 그 놀라운 기적을 두 번씩이나 체험한 제자들이라면 자신들에게 지금 떡이 한 개 밖에 없다는 것이 아무런 문제가 되지 않았어야 합니다(14절). 그런데 그들은 바리새인들과 헤롯의 누룩을 주의하라는 예수님의 경고를 문자적으로 떡의 문제로 해석했습니다. 그들의 관심사가 잘못 되어 있었기 때문입니다.

그 다음 단락에서는 예수님께서 맹인을 치료해 주시는 사건이 등장합니다. 예수님께서는 이번에도 복잡하게 맹인을 치료하십니다. 맹인의 손을 잡으시고 마을 밖으로 데리고 나가셨다는 것은 그에 대한 예수님의 친밀함과 사랑을 보여줍니다(23절). 그런데 이 장면에서 재미있는 것은 안수가 두 번에 걸쳐서 이루어졌다는 것입니다. 한 번 안수하신 후(23절) 잠시 후 다시 안수를 하십니다(25절). 다른 치료 때와는 달리 왜 두 번에 걸쳐서 안수를 하셨는지는 우리는 알 수 없습니다. 예수님이 보실 때 이 맹인의 경우에는 두 번에 걸친 단계적인 치료가 최선이었을 것입니다. 결정은 예수님이 하십니다.

[27]

마가복음 8:27-38

인자가 많은 고난을 받고 장로들과 대제사장들과 서기관들에게 버린 바 되어 죽임을 당하고 사흘 만에 살아나야 할 것을 비로소 그들에게 가르치시되

죽음과 부활을 예언하심

예수님께서는 제자들에게 사람들이 나를 누구라고 하느냐고 물으십니다(27절). 제자들은 사람들이 예수님을 세례 요한, 엘리야, 어떤 선지자 등으로 알고 있다고 대답합니다(28절). 그러자 예수님께서는 너희는 나를 누구라고 하느라고 물으십니다(29절). 거기에 대해 베드로는 "주는 그리스도시니이다"라고 대답합니다(29절). 똑같은 기적을 경험했지만 사람들의 대답은 각각 달랐습니다. 초자연적인 기적을 경험했다고 해서 꼭 바른 신앙을 갖게 되는 것은 아니라는 것을 알 수 있습니다. 하나님의 은혜를 입었던 베드로만이 참된 고백을 하

고 있습니다.

그 고백을 들으신 예수님께서는 자기 일을 아무에게도 말하지 말라고 경고하십니다(30절). 그렇게 말씀하신 이유는 당시 사람들이 가지고 있던 메시아상과 예수님께서 하실 일이 너무나 달랐기 때문입니다. 예수님께서는 우리의 죄를 위한 속죄제물이 되시기 위해서 세상에 오셨습니다. 하지만 당시 유대인들은 죄를 용서 받는 것은 양이나 소를 잡아 드리는 속죄제사로 충분하고, 메시아는 그들의 왕이 되어서 로마인들을 물리칠 사람으로 생각하고 있었습니다. 그런데 엄청난 기적을 행하시는 예수님께서 메시아라는 소문이 사람들에게 퍼지면 유대인들은 틀림없이 예수님을 자신들의 목적을 달성하기 위한 왕으로 삼으려고 할 것입니다. 그렇기 때문에 예수님께서는 자기 일을 아무에게도 말하지 말라고 경고하시는 것입니다(30절).

그리고 자신이 메시아로서 할 일을 31절에서 설명하십니다. 예수님께서는 고난과 죽임을 당하시고 사흘 만에 다시 살아나실 것입니다. 그러자 베드로는 당황합니다. 다른 복음서를 보면 이 때 베드로는 "주여 그리 마옵소서 이 일이 결코 주께 미치지 아니하리이다"(마 16:22)라고 말합니다. 그러자 예수님께서는 베드로를 꾸짖으십니다. 베드로가 하나님의 일을 생각하지 아니하고 오히려 사람의 일을 생각하고 있다고 말씀하십니다(33절). 베드로와 다른 제자들은 예수님께서 왕이 되시면 자신들도 출세를 할 것을 기대하고 있었습니다. 예수님께서는 이것을 꾸짖으신 것입니다.

이어서 예수님께서는 제자들이 어떻게 살아야 하는지를 말씀하십니다(34절). 제자는 자기를 부인해야 합니다. 자신의 욕망과 야망을 하나님 앞에서 죽여야 한다는 것입니다. 그리고 자기 십자가를 져야 합니다. 하나님께서 지워 주시는 사명을 감당해야 한다는 것입니다. 그리고 예수님을 따라야 합니다. 우리도 예수님처럼 온전한 순종의 길을 가야 한다는 것입니다. 예수님과 복음을 위해 산 자들은 구원을 얻을 것입니다(35절).

【28】

마가복음 9:1-13

마침 구름이 와서 그들을 덮으며 구름 속에서 소리가 나되 이는 내 사랑하는 아들이니 너희는 그의 말을 들으라 하는지라

▲

변화산 사건

본문은 예수님의 변화산 사건을 보여주고 있습니다. 변화산 사건은 성부 하나님께서 하늘에서 음성을 들려주신 사건입니다. 예수님의 지상생애 동안 성부 하나님께서 음성을 들려주신 경우는 세 번밖에 없습니다. 첫 번째는 예수님께서 세례를 받으실 때입니다(마 3:17; 막 1:11; 눅 3:21,22). "하늘로부터 소리가 있어 말씀하시되 이는 내 사랑하는 아들이요 내 기뻐하는 자라 하시니라"(마 3:17). 그리고 두 번째가 본문이 보여주는 변화산 사건입니다(마 17:5; 막 9:7; 눅 9:35). 그리고 세 번째는 헬라인들이 찾아왔다는 말을 들으시고 예수님께서 기

도를 드리실 때입니다. “아버지여, 아버지의 이름을 영광스럽게 하옵소서 하시니 이에 하늘에서 소리가 나서 이르되 내가 이미 영광스럽게 하였고 또다시 영광스럽게 하리라 하시니”(요 12:28).

세 번 모두 중요한 순간에 음성을 들려주신 것인데 오늘은 변화산 사건에 대해서 살펴보도록 하겠습니다. 이 사건의 특징은 구약의 이미지들이 많이 등장한다는 것입니다. 우선 엘리야와 모세가 등장합니다(4절). 엘리야는 구약의 선지자를 대표하는 인물이고 모세는 율법을 대표하는 인물입니다. 그리고 예수님과 제자들이 있는 곳에 구름이 와서 그들을 덮습니다. 이 구름을 쉐키나라고 하는데 그것은 하나님의 임재를 상징합니다. 이것 역시 구약에 등장합니다. 이스라엘 백성들이 출애굽 이후 광야에서 생활할 때 회막 위에 구름이 있었습니다(출 33:9; 40:34; 민 16:42 등). 그리고 솔로몬 왕이 성전을 다 짓고 낙성식을 할 때도 이 구름이 성전에 임했습니다(왕상 8:11; 대하 7:1).

이런 상황에서 하늘에서 들려온 음성의 내용이 무엇입니까? 7절에 그 내용이 나옵니다. “이는 내 사랑하는 아들이니 너희는 그의 말을 들으라”는 것입니다. 이 사건을 전후하여 예수님께서 하시는 말씀이 아주 중요한 것이니까 그 말씀에 귀를 기울이라는 내용입니다. 그렇다면 예수님의 말씀은 무엇입니까. 바로 앞인 8장 31절과 바로 이후인 9장 31절에 그 것이 나타납니다. 예수님께서 변화산 사건을 전후로 하여 강조하신 말씀은 자신의 죽음과 부활입니다.

그 당시 유대인들은 메시아가 세상에 와서 속죄 제물로 처참하게 죽어야 한다는 생각을 그 누구도 하지 못하고 있었습니다. 그런데 이제 곧 있으면 예수님께서는 십자가에 못 박혀 돌아가실 것입니다. 그런데 그 죽음의 의미를 유대인들이 이해하지 못하면 안 됩니다. 그러니까 하나님께서는 십자가의 죽음이 구약 성경에서 예언 되었던 메시아의 사역이 맞다는 것을 증명해 주셔야 합니다. 그렇게 할 수 있는 가장 강력한 방법이 무엇입니까? 성부 하나님께서 친히 음성을 들려주시는 것입니다. 나중에 사도들은 이 사건을 기억하며 유대인들에게 십자가를 힘있게 증언할 수 있었을 것입니다. 우리 하나님은 참으로 치밀하시고 친절하신 분이십니다.

【29】

마가복음 9:14-29

예수께서 이르시되 할 수 있거든이 무슨 말이냐 믿는 자에게는 능히 하지 못할 일이 없느니라 하시니

▲

귀신들린 아이를 고치심

변화산에서 예수님께서 내려오셔서 보니 제자들과 서기관들이 논쟁을 하고 있습니다. 또 큰 무리가 그들을 둘러싸고 있습니다(14절). 그들은 예수님을 보자 매우 놀라며 예수님께 달려왔습니다(15절). 예수님께서 그들에게 무슨 일인지 물어보시니 어떤 아이의 아버지가 예수님께 설명을 합니다. 자신의 아들이 귀신이 들려서 예수님의 제자들에게 데려 왔는데 그들이 귀신을 못 내쫓고 있다는 것입니다(18절). 그러자 예수님께서는 "믿음이 없는 세대여 내가 얼마나 너희와 함께 있으며 얼마나 너희에게 참으리요"라고 탄식을 하십니다.

이것은 실망과 불쾌감을 표현하신 것입니다. 제자들이 능히 그 일을 할 수 있어야 했는데 못 했다는 것입니다. 귀신은 예수님을 보자 그 아이로 경련을 일으키게 합니다. 그래서 그는 땅이 엎드러져 구르며 거품을 흘립니다(20절). 아이의 아버지는 "무엇을 하실 수 있거든 우리를 불쌍히 여기사 도와주옵소서"라고 부탁을 드립니다(22절). 그러자 예수님께서는 "할 수 있거든이 무슨 말이냐 믿는 자에게는 능히 하지 못할 일이 없느니라"라고 하시고(23절) 아이를 고쳐 주십니다(25절).

제자들은 예수님께 자신들은 왜 귀신을 쫓아내지 못 했느냐고 여쭈어 봅니다(28절). 그러자 예수님께서는 "기도 외에 다른 것으로는 이런 종류가 나갈 수 없느니라"라고 말씀하십니다(29절). 성경 가운데는 내용이 복잡하고 어려워서 우리를 곤란하게 하는 경우도 있지만, 어떤 경우에는 그 메시지가 너무나 단순하고 명확하기 때문에 우리를 당황스럽게 하는 경우도 있습니다. 본문은 두 번째 경우입니다. 예수님께서 아이의 아버지에게 자초지종을 들으셨을 때 처음 드러내 보이신 반응이 우리를 당황스럽게 합니다. '너희는 당연히 이런 일을 할 수 없다. 그런데 나는 할 수 있다. 그러니 내가 도와주겠다'라고 말씀하시는 것이 아니라 그들을 질책하십니다. '너희들에게 믿음이 있었다면 너희도 능히 이 귀신을 쫓아낼 수 있었는데, 그렇지 않으니 내가 안타깝다'라는 내용입니다. 그런데 제일 마지막 구절에서 예수님께서 강조하신 것은 기도입니다. 그러므로 앞에서 말씀하신 믿음은 어떤 믿음입니까? 기도하는 믿음입니다. 참된 믿음은 우리로 하여금 하나님께 기도하게 만듭니다. 그리고 기도하는 자는 귀신을 쫓아낼 수 있습니다. 믿음이 있다고 하면서 기도하지 않는 사람들이 할 수 있었던 일이 무엇입니까? 그저 아이 앞에서 변론을 하는 것뿐이었습니다(14절). 그것은 무익한 일입니다. 믿음이 있다면 기도해야 합니다. 그래야 능력을 받아 귀신을 쫓아낼 수 있습니다.

【30】

마가복음 9:30-37

누구든지 내 이름으로 이런 어린 아이 하나를 영접하면 곧 나를 영접함이요 누구든지 나를 영접하면 나를 영접함이 아니요 나를 보내신 이를 영접함이니라

수난에 대한 말씀과 제자들의 토론

예수님께서는 갈릴리 지역 가운데로 지나가시면서 자신의 존재를 아무에게도 알리고자 하지 않으십니다(30절). 보통 어디를 가시든지 열심히 전도를 하시는데, 이것은 상당히 예외적인 상황입니다. 왜 그렇게 하셨습니까? 31절은 '이는'으로 시작합니다. 그 이유를 설명해 준다는 뜻입니다. 31절에서 예수님께서는 제자들에게 자신의 죽음과 부활에 대해 가르치십니다. 이것은 공적인 사역을 임시로 중단하고 행할 만큼 중요한 일이었습니다.

그러나 제자들은 이 말씀의 뜻을 깨닫지 못합니다(32절). 그뿐만 아니라 그 말씀의 뜻이 무엇인지 묻는 것도 두려워했습니다. 사실 예수님께서 말씀하신 내용의 문자적인 의미는 하나도 어려울 것이 없습니다. '내가 죽임을 당할 것이다. 그리고 죽은 지 3일 만에 다시 살아날 것이다'라는 것은 어린아이도 알아들을 수 있는 쉬운 말입니다. 그러나 예수님께서 왕이 되실 것을 기대했던 제자들로서는 그 말씀의 뜻을 물어서 자신들의 기대와 어긋나는 내용을 확인받는 일이 두려웠을 것입니다.

예수님께서는 그들에게 너희가 길에서 서로 토론한 것이 무엇이냐고 물으십니다(33절). 제자들은 잠잠합니다. 왜냐하면 길에서 그들은 서열 다툼을 했기 때문입니다. 이제 예수님께서 왕이 되시면 자신들도 높은 지위를 차지하게 될 것인데 그 지위는 아마도 제자들의 서열에 따라 결정될 것입니다. 그래서 서열 논쟁을 한 것입니다. 그런데 예수님께서 무슨 토론을 했느냐고 물으시니 제자들은 다 입을 다뭅니다. 그들 스스로도 그 논쟁이 유치한 것을 아는 것입니다.

아무 대답도 없는 제자들에게 예수님께서는 누구든지 첫째가 되고자 하는 자는 모든 사람을 섬기는 자가 되어야 할 것이라고 말씀하십니다(35절). 그리고 어린아이 하나를 데려다가 그들 가운데 세우십니다(36절). 당시 유대 사회에서 어린 아이는 사회 구성원 중에서 가장 낮은 자로 취급되었습니다. 예수님께서는 그 어린 아이를 안으신 후 "누구든지 내 이름으로 이런 어린 아이 하나를 영접하면 곧 나를 영접"하는 것이라고 말씀하십니다(37절). 여기 '영접하다'라고 번역된 단어는 따뜻한 마음으로 품어주고 용납한다는 뜻입니다. 그러니까 가장 낮은 이 어린 아이를 잘 품어주고 환영하면 그것이 곧 예수님을 섬긴 것과 마찬가지라는 것입니다. 그렇기 때문에 우리 기독교인들은 사회의 가장 낮은 자들에게 관심을 가져야 합니다. 그것이 하나님을 섬기는 법입니다.

【31】

마가복음 9:38-50

누구든지 너희가 그리스도에게 속한 자라 하여 물 한 그릇이라도 주면 내가 진실로 너희에게 이르노니 그가 결코 상을 잃지 않으리라

▲

지옥에 대한 경고

제자들의 무리를 따르지는 않지만 주님의 이름으로 귀신을 내쫓는 자들이 있었습니다. 제자들은 그들을 좋지 않게 생각하여 그것을 금했습니다(38절). 하지만 예수님께서는 그들의 행위를 금하지 말라고 하십니다. 왜냐하면 예수님의 이름으로 능력을 행하고 예수님을 즉시 비방할 자는 없기 때문입니다(39절). 이것은 교회 연합에 대해 우리에게 교훈을 줍니다. 교회들이 연합하여야 할 때 어떤 사람들은 교회나 교단 사이의 차이에 주목합니다. 그러나 예수님께서는 그들의 공통분모에 주목할 것을 말씀하십니다. 예수님의 복음에 반대하지

않는 자는 예수님을 위하는 자로 여겨져야 합니다(40절).

예수님께서는 어떤 사람이 제자들에게 물 한 그릇이라도 대접한다면 그 사람이 결코 상을 잃지 않을 것이라고 말씀하십니다(41절). 이것은 우리에게 선교사를 후원하는 일의 중요성을 알려줍니다. 그 일을 행하는 자는 결코 상을 잃지 않을 것입니다.

믿는 자들 중에 가장 하찮은 자일지라도 어떤 사람이 그를 실족하게 만든다면 그런 사람은 차라리 당나귀가 돌리는 커다란 맷돌이 그 목에 묶인 채 바다에 던지우는 것이 낫다고 말씀하십니다(42절). 여기서 강조하고 계신 것은 구원의 중요성입니다. 다른 사람을 구원에서 멀어지게 하는 것은 정말로 무서운 형벌을 받을 큰 죄입니다.

우리는 죄악을 멀리하기 위해 노력해야 합니다. 예수님께서는 이 주제를 세 번이나 반복해서 말씀하십니다(43, 45, 47절). 어떤 말씀을 세 번 반복하신다는 것은 그것이 결코 농담이 아니라는 것입니다. 손이 우리를 범죄하게 만든다면 그것을 찍어내 버리고 장애인으로 살다가 영생에 들어가는 것이 낫습니다. 이 구절들의 문자적인 의미는 우리가 신체의 일부를 사용하여 범죄를 저지르면 지옥에 가게 될 것이라는 것입니다. 우리는 믿음으로 죄 용서함을 받고 구원을 얻었기 때문에 죄를 범하는 것에 대해서 너무 느긋하게 생각하는 경향

이 있습니다. 하지만 본문에서 예수님께서는 범죄와 구원은 양립이 불가하다고 말씀하십니다. 참된 믿음을 가진 자는 죄를 범하지 않습니다 "하나님께로부터 난 자마다 죄를 짓지 아니하나니"(요일 3:9). 구원 받을 믿음을 가진 사람은 아무렇지도 않게 죄를 범하며 살 수가 없습니다.

지옥은 무서운 곳입니다. 그곳에서는 심지어 구더기와 같은 미물도 죽지 않습니다. 그리고 인간을 괴롭히는 불도 영원히 꺼지지 않습니다(48절). 음식에 소금을 치듯 지옥에 있는 죄인들에게 불이 뿌려질 것입니다(49절). 우리는 예수님의 경고를 진지하게 받아들여야 합니다.

【32】

마가복음 10:1–16

그 둘이 한 몸이 될지니라 이러한즉 이제 둘이 아니요 한 몸이니 그러므로 하나님이 짝지어 주신 것을 사람이 나누지 못할지니라 하시더라

▲

이혼에 대한 교훈

본문은 이혼 문제에 대한 예수님의 말씀을 소개하고 있습니다. 바리새인들이 예수님께 나아와서 아내를 버리는 것이 옳으냐고 묻습니다(2절). 이들이 이혼의 근거로 삼고 있었던 것은 신명기 24:1 말씀입니다. "사람이 아내를 맞이하여 데려온 후에 그에게 수치되는 일이 있음을 발견하고 그를 기뻐하지 아니하면 이혼 증서를 써서 그의 손에 주고 그를 자기 집에서 내보낼 것이요"

바리새인들이 예수님께 이 문제에 대해 질문을 한 것은 그저 단순히 이혼에 대한 예수님의 견해를 듣기 위해서라기

보다는 예수님을 시험에 들게 하려는 목적 때문이었을 것입니다. 당시 헤롯 안디바가 이혼을 했고 이 문제를 지적했던 세례 요한이 죽임을 당했습니다. 그렇기 때문에 이혼 문제에 대한 예수님의 의견을 물음으로써 예수님도 헤롯 안디바의 일에 연루되어 세례 요한과 같은 운명이 되도록 만들고 싶었을 것입니다.

그들의 질문에 대해 예수님께서는 그 명령이 주어진 것은 너희 마음의 완악함 때문이라고 말씀하십니다(5절). 하나님께서는 사람을 남자와 여자로 창조하셨습니다(6절). 그리고 그들이 부부로서 언약을 맺으면 그들은 한 몸이 됩니다(8절). 하나님께서 짝지어 주신 것을 사람이 나눌 수 없습니다(9절). 남편과 아내는 혼인 관계를 지켜야 합니다.

그런데 너희 마음이 완악함으로 이혼증서를 써서 주도록 허락하셨다는 것이 무슨 뜻일까요(5절)? 고대 사회에서 가장의 권위는 절대적이었습니다. 남자가 부인에 대한 사랑이 식어 버리고 다른 여자를 좋아하게 될 경우 고대의 남자들은 손쉽게 자기 아내를 살해할 수 있었습니다. 아내가 죽은 다음에 다른 여인을 아내로 맞는 것은 아주 자연스러운 일이었기 때문입니다. 그래서 남편의 사랑을 잃어버린 여인들은 언제 살해를 당할 줄 모른다는 두려움에 떨면서 살아야 했습니다. 그렇기 때문에 하나님께서는 여인들이 살해를 당할 위험

속에서 사는 것보다는 이혼증서를 받고 생명이 보장될 수 있도록 하는 쪽을 허락해 주신 것입니다.

그런데 많은 유대인들은 이혼증서 제도를 손쉬운 이혼을 위한 허가제도 정도로 생각하고 있었습니다. 그들에 대해 예수님께서는 이혼은 사실상 절대로 해서는 안 된다는 것을 간략하면서도 강력하게 말씀하십니다(6-9절). 믿는 자들은 극악한 죄인들 때문에 어쩔 수 없이 생긴 계명을 삶의 기준으로 삼고 살아서는 안 됩니다. 하나님께서는 우리에게 그것보다 훨씬 더 나은 것을 기대하십니다.

【33】

마가복음 10:17-22

예수께서 그를 보시고 사랑하사 이르시되 네게 아직도 한 가지 부족한 것이 있으니 가서 네게 있는 것을 다 팔아 가난한 자들에게 주라 그리하면 하늘에서 보화가 네게 있으리라 그리고 와서 나를 따르라 하시니

▲

재물이 많은 청년

예수님께서 길을 가시는데 한 사람이 달려와서 꿇어 앉아 질문을 합니다. 마태복음에 따르자면 그는 부자 청년이었고(마 19:22) 누가복음에 따르자면 그는 관리였습니다.(눅 18:18). 한마디로 엘리트 청년이었습니다. 사람들이 다 보는 앞에서 예수님께 달려왔다는 것은 그의 열정을 나타내고 그 앞에 꿇어 앉았다는 것은 그의 겸손함을 보여줍니다. 그가 질문한 내용은 "내가 무엇을 하여야 영생을 얻으리이까"라는 것입니다(17절).

예수님께서는 계명을 나열하십니다(19절). 그러자 그 청년은 내가 어려서부터 그 계명들을 다 지켰다고 이야기합니다(20절). 물론 그가 지켰다는 것은 피상적인 지킴이었을 것입니다. 하지만 자기가 보기에는 나름대로 자부할 만한 순종의 삶을 살아왔을 것입니다. 예수님께서는 그것을 인정하시고 그를 사랑의 눈으로 바라보십니다(21절). 그리고 한 가지 그에게 부족한 것을 말씀하십니다. 그것은 "가서 네게 있는 것을 다 팔아 가난한 자들에게 주라"는 것입니다(21절). 이 말을 들은 청년은 슬픈 기색을 띠고 근심하면서 갑니다(22절).

그런데 여기서 우리가 주목해야 할 것이 있습니다. 그것은 예수님의 말씀은 재산을 다 팔아 가난한 자들에게 주라는 것에서 끝나지 않는다는 것입니다. 그 다음에 "그리하면 하늘에서 보화가 네게 있으리라"(21절)라는 약속의 말씀을 주십니다. 예수님께서는 일방적인 희생만을 명령하신 것이 아닙니다. 분명히 반대급부를 약속하셨습니다. 그 청년이 아무리 부자라고 하더라도 하늘에서 하나님께 받게 될 보화에 비하면 그것은 정말 아무것도 아닐 것입니다.

이 말씀을 진지하게 믿었다면 청년은 기쁜 마음으로 자기 재물을 희생했을 것입니다. 그러나 그는 슬픈 기색을 띠고 근심하면서 갔습니다. 무슨 뜻입니까? 그 청년은 사실은 영생을 믿지 못하고 있었다는 뜻입니다. 이 청년은 영생을 얻는 방법을 질문합니다(17절). 하지만 예수님께서는 '네가 정말로 영생이 있는 줄 믿느냐?'라고 물어오신 것입니다(21절). 재산 때문에 근심을 한다면 그것은 영생을 믿지 않는다는 것입니다.

똑같은 주제가 예수님의 비유에서 나타납니다. 밭에 감추인 보화를 발견한 사람은 집에 가서 자신의 모든 재산을 팔아서 그 밭을 샀습니다. "천국은 마치 밭에 감추인 보화와 같으니 사람이 이를 발견한 후 숨겨 두고 기뻐하며 돌아가서 자기의 소유를 다 팔아 그 밭을 사느니라"(마 13:44). 영생이 정말 있다는 것을 확신한다면 세상에 아까울 것이 없어야 합니다. 이 청년은 재물도 누리고 영생도 누리려고 했습니다. 그런데 예수님께서 재물을 포기하라고 말씀하시자 사실은 자신이 영생을 믿지 않고 있었음을 드러낸 것입니다. 영생은 정말 좋은 것입니다. 그것을 사모하며 오늘을 삽시다.

[34]

마가복음 10:23-31

예수께서 그들을 보시며 이르시되 사람으로는 할 수 없으되 하나님으로는 그렇지 아니하니 하나님으로서는 다 하실 수 있느니라

▲

복음을 위해 포기해야 할 것

부자 청년에게 모든 재산을 팔아서 가난한 자들에게 나누어 주라는 말씀을 하시자 제자들은 어안이 벙벙했을 것입니다. 그런데 예수님께서는 그런 급진적인 발언을 약화시킬 생각이 전혀 없으신 듯합니다. 재물이 있는 자는 하나님의 나라에 들어가기가 심히 어렵다고 말씀하십니다(23절).

당시 유대인들은 부자로 사는 것이 하나님의 축복의 증거라고 생각하고 있었기 때문에 제자들은 예수님의 이런 말씀을 듣고 다시 한 번 깜짝 놀랍니다(24절). 예수님께서는 그들이 놀라건 말건 기존의 주장을 강력하게 반복하십니다. 낙타

가 바늘귀로 나가는 것이 부자가 하나님의 나라에 들어가는 것보다 쉽다고 하십니다(25절). 한마디로 말해서 불가능하다는 것입니다. 제자들은 우리가 예상할 수 있는 당연한 반응을 보입니다. 그렇다면 누가 구원을 얻을 수 있단 말입니까(26절)? 여기에 대해서 예수님께서는 사람은 할 수 없지만 하나님은 모든 일을 다 하실 수 있다는 어떻게 보면 쉽지만 어떻게 보면 알쏭달쏭한 말씀을 하십니다(27절).

이 말씀의 뜻은 감사하게도 예수님 자신이 친절하게 설명해 주고 계십니다. 베드로가 "우리가 모든 것을 버리고 주를 따랐나이다"라고 말씀드리자(28절) 예수님께서는 나와 복음을 위하여 모든 것을 버린 자가 받게 될 복들에 대해 말씀하십니다(29절). 그러니까 27절에서 말씀하셨던 하나님은 하실 수 있다는 말씀의 뜻은 하나님은 복음을 통하여 우리를 구원하실 수 있다는 뜻입니다. 사람의 노력으로는 구원을 얻을 수 없습니다. 그가 가진 재산이 그를 구원하지 못합니다. 그러나 하나님은 복음이라는 수단을 통하여 우리를 구원하실 수 있습니다.

그런데 이 복음은 상당히 급진적인 성격을 가지고 있습니다. 복음을 믿는 자는 자신의 모든 것을 복음을 위하여 내려놓아야 합니다. 그것이 복음을 받아들인 자의 마땅한 자세입니다(29절). 그런데 예수님께서 재미있는 말씀을 하십니다.

그렇게 자신의 모든 것을 버린 자는 자신이 버린 것을 백 배나 되돌려 받을 것이라고 말씀하십니다. 그것도 천국이 아니라 현세에서 말입니다(30절). 복음에 굴복하지 않고 자신의 재물을 자신의 것이라고 주장하면서 구원을 얻으려고 하는 자에게는 소망이 없습니다(25절). 그러나 그 모든 것의 주인이 하나님이심을 고백하고 복음을 위하여 그것들을 포기한 자에게는 하나님께서 얼마든지 현세에서도 그 백 배나 되는 것을 주실 수 있습니다(30절). 그리고 이런 자세로 남은 인생을 산 자들에게는 내세에 영생이 보장되어 있습니다(30절).

【35】

마가복음 10:32-45

인자가 온 것은 섬김을 받으려 함이 아니라 도리어 섬기려 하고 자기 목숨을 많은 사람의 대속물로 주려 함이니라

▲

야고보와 요한의 요구

예수님께서는 십자가에 못 박히시기 위해 예루살렘으로 올라가십니다. 예수님의 표정과 모습은 엄숙하고 진지했을 것입니다. 그 모습에 눌려서 제자들은 놀라고 따르는 자들은 두려워합니다(32절). 예수님께서는 예루살렘에 올라가셔서 당하게 될 고난과 죽음 그리고 부활에 대해 그들에게 말씀하십니다(33, 34절). 그런데 이렇게 정확하게 앞으로 당하실 일을 말씀하셨지만 제자들은 아직도 분위기를 파악하지 못하고 있습니다. 수제자였던 야고보와 요한은 예수님께서 영광을 얻게 되시면 자신들을 예수님의 좌우편에 있게 해 달라고

부탁을 드립니다(37절). 가장 높게 출세를 시켜달라는 것입니다.

예수님께서는 그들에게 너희는 너희가 구하는 것을 알지 못한다고 말씀하십니다(38절). 그런 자리를 얻기 위해서는 어떤 대가를 치러야 하는지 그들이 알지 못한다는 뜻입니다. 하나님 나라에서 높임을 받기 위해서는 그에 합당한 고난을 통과해야 합니다. 그러나 그들은 그 사실에 대해서 알지 못했습니다. 그렇기 때문에 함부로 높은 위치를 구했던 것입니다.

야고보와 요한의 요청에 대해 나머지 10명의 제자들이 화를 냅니다(41절). 그러자 예수님께서는 제자들이 취해야 할 태도를 이방인들이 흔히 취하는 태도와 대조하여 설명해 주십니다(42절). 이방인들은 높은 자리에 앉으면 아랫사람들에게 권세를 부리려고 하지만, 예수님의 제자들은 섬기는 자, 종이 되어야 합니다. 여기서 제자들과 대조 되는 자들을 이방인이라고 하신 이유는 하나님의 백성들은 절대로 그렇게 해서는 안 된다는 것을 강조하기 위해서입니다(42절). 그리고 섬김과 희생의 예로 자기 자신을 제시하십니다(45절).

크고자 하는 자는 섬기는 자가 되어야 하고 으뜸이 되고자 하는 자는 종이 되어야 한다는 말씀은 간단한 것 같지만 현실 속에서 실천하기는 무척 어려운 말씀입니다. 왜 그렇습니까? 우리가 섬기는 종의 모습으로 살아가면 세상에서는 흔히 우리를 업신여기고 오히려 더 짓밟으려고 하기 때문입니다. 그렇다면 안심하고 자신을 낮출 수 있는 사람은 어떤 사람입니까? 사람을 높이고 낮추는 것이 하나님께서 하시는 일임을 믿는 사람입니다. 시편 75:6, 7은 "무릇 높이는 일이 동쪽에서나 서쪽에서 말미암지 아니하며 남쪽에서도 말미암지 아니하고 오직 재판장이신 하나님이 이를 낮추시고 저를 높이시느니라"라고 말씀합니다. 이것을 믿는 사람들은 내가 아무리 나를 낮추고 섬기는 자세로 산다 하더라도 하나님께서 원하시면 언제든지 나를 높이실 수 있다는 것을 압니다. 그런 사람만이 기꺼이 자신을 낮추어 종이 될 수 있습니다.

【36】

마가복음 10:46-52

예수께서 이르시되 가라 네 믿음이 너를 구원하였느니라 하시니 그가 곧 보게 되어 예수를 길에서 따르니라

▲

바디매오의 눈을 고치심

예수님께서 여리고성에 가셨습니다. 그곳에는 바디매오라는 맹인 거지가 있었습니다. 그는 나사렛 예수께서 자신 근처에 오셨다는 말을 듣자 "다윗의 자손 예수여 나를 불쌍히 여기소서"라고 소리를 지릅니다(47절). 소리를 질렀다는 것은 눈을 뜰 수 있는 기회를 얻게 되었으니 그 기회를 낭비하지 않겠다는 의지를 보여줍니다. 다윗의 자손은 메시야를 뜻하는 명칭들 중 하나입니다. 바디매오에게 예수님에 대한 믿음이 있었다는 뜻입니다.

많은 사람들은 그를 꾸짖으며 잠잠하라고 합니다. 그러나

그는 더욱 크게 소리를 질렀다고 성경은 말씀합니다(48절). 이제 곧 눈을 뜰 수 있게 되었는데 그까짓 질책과 탄압이 무슨 상관이 있겠습니까? 그는 계속해서 소리를 지릅니다. 그러자 예수께서는 그를 부르라고 말씀하십니다(49절). 사람들은 그에게 안심하고 일어나라고 이야기합니다. 안심하라는 표현을 통해 우리가 알 수 있는 것은 그가 그 때까지 얼마나 미친 듯이 예수님을 불렀겠는가 하는 것입니다. 사람들이 보기에도 안스러울 정도로 그는 예수님께 부르짖고 또 부르짖었습니다.

예수님께서 자신을 부르신다는 말을 들은 맹인은 겉옷을 내버리고 예수님께 나아옵니다(50절). 겉옷은 아마도 거지였던 그의 전재산이었을 것입니다. 그 재산을 버린 것입니다. 어떻게 보면 자신의 남은 인생을 위해 투자를 한 것입니다. 눈을 뜰 수 있는데 그까짓 겉옷이 무엇이 아깝단 말입니까? 지금 중요한 것은 어서 빨리 예수님께 나아가는 것밖에 없습니다.

예수님께서는 자신에게 온 바디매오에게 너에게 무엇을 하여 주기를 원하느냐고 물으십니다. 그러자 그는 예수님께 자신은 보기를 원한다고 대답합니다(51절). 예수님께서 그의 소원을 모르시기 때문에 이것을 물어보신 것이 아닙니다. 이 질문은 '네가 나를 정말 그 일을 할 수 있는 사람으로 믿느냐'

라는 뜻입니다. 그는 '보기를 원하나이다'라고 답합니다. 그의 간단한 대답 뒤에 숨겨진 말은 아마도 '예, 나는 보기를 원합니다. 주님께서 나를 보게 해 주실 수 있다는 것을 믿기 때문에 저는 지금까지 미친 듯이 소리를 질러댄 것입니다'였을 것입니다.

그러자 예수님께서는 "가라 네 믿음이 너를 구원하였느니라"라고 말씀하십니다(52절). 그러자 그는 곧 보게 되어 길에서 예수를 따릅니다. 믿음 자체가 기적을 일으킨 것은 아닙니다. 그의 믿음을 보시고 하나님께서 역사하셨다는 뜻입니다. 역대하 16장 9절은 "여호와의 눈은 온 땅을 두루 감찰하사 전심으로 자기에게 향하는 자들을 위하여 능력을 베푸시나니"라고 말씀합니다. 우리도 믿음을 가지고 이 맹인처럼 간절히 부르짖는 자들이 됩시다.

【37】

마가복음 11:1-10

이르시되 너희는 맞은편 마을로 가라 그리로 들어가면 곧 아직 아무도 타 보지 않은 나귀 새끼가 매여 있는 것을 보리니 풀어 끌고 오라

▲

나귀 새끼를 타고 입성하심

예수님께서는 감람산 벳바게와 베다니에 오셨을 때 제자 중 둘을 보내셔서 나귀 새끼를 구해 오도록 하십니다(1, 2절). 아마도 그 두 제자들 중 하나가 베드로였을 것입니다. 마가복음은 베드로의 설교들을 마가가 기록한 책입니다. 여기 나귀 새끼가 등장하는 것은 스가랴서 9장 9절 말씀 때문입니다. "보라 네 왕이 네게 임하시나니 그는 공의로우시며 구원을 베푸시며 겸손하여서 나귀를 타시나니 나귀의 작은 것 곧 나귀 새끼니라" 이 말씀을 기억하고 있던 유대인들은 예수님께서 왕이신 메시야로서 예루살렘에 입성하시는 것으로

생각합니다. 그리고 큰 소리로 호산나를 외칩니다(9절; 시편 118:25). 호산나의 뜻은 '지금 우리를 구원하소서'입니다. 그들은 또 '가장 높은 곳에서 호산나'라고 외치는데 가장 높은 곳은 당연히 하나님께서 계시는 곳입니다. 그곳에 좌정해 계신 하나님께 이제 메시야를 통하여 자신들을 구원해 달라고 외치는 것입니다.

그런데 스가랴서의 예언에서는 왜 왕이신 메시아가 타게 될 짐승으로 나귀 새끼를 지목하고 있는 것일까요? 그것은 왕의 겸손하심을 보여 주는 것입니다. 그분은 나귀 새끼를 타신 겸손한 왕이십니다. 그렇기 때문에 누구나 원하는 자는 그분께 나아갈 수 있습니다.

사실은 똑같은 메시지가 누가복음 2장에도 등장합니다. 그곳에서 천사는 목자들에게 "오늘 다윗의 동네에 너희를 위하여 구주가 나셨으니 곧 그리스도 주시니라"(눅 2:11)라고 말합니다. 우리는 천사가 말한 '너희'를 흔히 온 세상의 주의 백성이라고 해석합니다. 하지만 그 순간 천사의 소리를 들었던 목자들은 천사가 말하는 너희를 목자들 자신들로 이해했을 것입니다. 왜냐하면 지금 들판에는 자신들밖에 없기 때문입니다. 당시 목자들은 가장 천한 자들로 인식되고 있었습니다. 왜냐하면 직업상 안식일 규정들을 지킬 수가 없었기 때문입니다. 양들을 돌보는 일은 안식일에도 계속되어야 했습니다. 그들은 메시아가 자기들 같은 천한 목자들을 위하여 태어나셨다는 말을 믿을 수 없었을 것입니다.

그들의 마음을 알고 있는 천사는 그 다음에 설명을 해 줍니다. "너희가 가서 강보에 싸여 구유에 뉘어 있는 아기를 보리니 이것이 너희에게 표적이니라"(눅 2:12). 메시아가 구유에 뉘어 있답니다. 그토록 낮아지신 메시야라면 목자들도 아무 두려움 없이 그분께 나아가 경배를 올릴 수 있습니다. 우리 예수님께서는 나귀 새끼를 타고 그 분의 백성들에게 오십니다. 그러므로 우리는 그분께 나아갈 수 있고 그분은 우리를 따뜻이 맞아 주실 것입니다.

【38】

마가복음 11:11-19

이에 가르쳐 이르시되 기록된 바 내 집은 만민이 기도하는 집이라 칭함을 받으리라고 하지 아니하였느냐 너희는 강도의 소굴을 만들었도다 하시매

성전을 청결케 하심

예수님께서는 베다니에서 주무신 후 예루살렘을 향하여 아침 일찍 출발하셨습니다. 원래 집주인은 손님에게 아침 식사를 대접하는 것이 예의였지만 베다니의 가난한 집주인(아마도 마르다 남매)에게는 예수님 일행을 대접할 만한 경제적 여유가 없었습니다. 그들의 사정을 아시는 예수님께서는 식사를 하지 않으시고 집을 나오셨고 가난한 집주인은 무안하고 죄스러운 마음으로 예수님 일행을 배웅했을 것입니다. 가난한 자들의 가슴 아픈 이야기입니다.

그렇게 길을 가시던 예수님은 배가 고프셨습니다(12절).

그때 멀리 잎사귀가 있는 무화과나무가 보였습니다(13절). 반가운 마음에 그 나무에게 가셔서 가지들을 들춰보셨지만 열매가 없었습니다. 그래서 예수님께서는 그 나무를 저주하셨습니다(14절). 그런데 성경은 그 때가 무화과의 때가 아니었다고 말씀합니다(13절). 팔레스타인 지역에서 무화과는 우선 열매들을 맺은 후 무성한 잎사귀들이 생겨납니다. 그러므로 지금 예수님이 보셨던 무화과에 잎사귀가 있었다는 것은 거기 열매들이 있어야 한다는 뜻입니다. 그런데 그 나무에는 열매가 없었습니다. 그렇기 때문에 예수님께서 그것을 저주하신 것입니다. 이것은 여러 가지 종교의식들은 많이 행하지만 참된 믿음과 내실은 없었던 당시의 유대교에 대한 저주를 뜻합니다.

예수님께서는 성전에서 물건을 파는 자들을 내쫓으십니다(15절). 그 당시 성전에는 세 종류의 뜰이 있었습니다. 그것은 유대인 남자들의 뜰과 유대인 여인들의 뜰 그리고 이방인의 뜰입니다. 이방인의 뜰은 하나님을 믿기는 하지만 아직 할례는 받지 못한 자들을 위한 예배 공간이었습니다. 그런데 유대인들은 상인들에게 돈을 받기 위해 그곳을 장사하는 집으로 만들어 버렸습니다. 그렇기 때문에 예수님께서는 이사야 56장 7절의 말씀 "이는 내 집은 만민이 기도하는 집이라 일컬음이 될 것임이라"를 인용하신 것입니다.

그리고 16절을 보면 사람들이 물건을 가지고 성전 안으로 지나다님을 허락하지 않으셨다고 합니다. 당시 사람들은 성전에 있는 여러 문들과 뜰을 성전 건너편으로 가기 위한 지름길로 이용하고 있었습니다. 예수님께서는 그것을 허락하지 않으신 것입니다.

사람들은 예수님의 이런 행위를 놀랍게 여깁니다. 그러나 제사장들과 서기관들 즉 유대인의 지도자들은 예수님을 죽일 계획을 세웁니다(18절). 성전에서의 장사로 경제적 이득을 누리던 자들은 예수님을 죽이려 한 반면, 그런 기득권이 없던 자들은 예수님께 마음을 열었던 것입니다. 종교가 경제적으로 타락하면 이토록 무섭습니다.

【39】

마가복음 11:20-26

그러므로 내가 너희에게 말하노니 무엇이든지 기도하고 구하는 것은 받은 줄로 믿으라 그리하면 너희에게 그대로 되리라

▲

기도에 대한 교훈

다음 날 예수님 일행은 같은 곳을 지나가게 되었습니다. 어제 예수님께서 저주하셨던 무화과나무가 뿌리째 말라 있었습니다(20절). 베드로가 그 사실을 말씀드리자 예수님께서는 이 사건을 계기로 삼아 기도에 대한 교훈을 주십니다. 예수님은 우리가 기도하고 의심하지 아니하면 그대로 될 것이라는 말씀을 하십니다(23절). 하나님께서는 의심하는 것을 무척 싫어하십니다. 야고보서 1장 6절은 "오직 믿음으로 구하고 조금도 의심하지 말라 의심하는 자는 마치 바람에 밀려 요동하는 바다 물결 같으니"라고 말씀합니다.

기도 응답을 받으려면 소극적으로는 의심을 하지 말아야 합니다. 그렇다면 적극적으로는 어떻게 해야 할까요? 예수님께서 그 다음 구절에서 답을 제시하시고 있습니다. 무엇이든지 기도하고 구하는 것은 받은 줄로 믿어야 합니다(24절). 의심의 반대는 받은 줄로 믿는 것입니다. 그것이 어떻게 하는 것입니까? 기도가 이루어진 상태를 머릿속에 그리고 그것을 현실인 것처럼 생각하는 것입니다.

이렇게 교훈을 주신 후 갑자기 25절 말씀이 등장합니다. 기도하다가 아무에게나 혐의가 있거든 용서하라는 말씀입니다. 기도를 드리고 믿으면 그것이 이루어집니다. 그런데 예수님께서 하나의 조건을 제시하십니다. 용서하라는 것입니다. 용서해야 용서 받을 수 있고(마 6:12) 그래야 하나님과의 관계가 회복되어 기도응답을 받을 수 있습니다. 이런 예수님의 말씀을 통해 우리가 알 수 있는 것은 하나님께서는 우리가 서로 용서하고 하나가 되는 것을 지극히 원하신다는 것입니다.

그런데 여기서 문제가 생깁니다. 두 사람 모두가 자신의 잘못을 인정하고 고백한다면 우리는 쉽게 서로를 받아들일 수 있을 것입니다. 그런데 우리에게 상처를 입힌 사람들은 대부분의 경우 우리에게 용서를 빌거나 하나님께 회개할 마음이 별로 없습니다. 심지어 늘 그런 방식으로 살고 있는 사람들이기 때문에 자신이 남들에게 상처를 주었다는 인식조차 없는 경우도 있습니다. 그렇다면 예수님의 용서의 명령은 우리에게만 너무 가혹한 것이 아닙니까?

로마서 12장 19절이 그 해답을 제시합니다. "너희가 친히 원수를 갚지 말고 하나님의 진노하심에 맡기라 기록되었으되 원수 갚는 것이 내게 있으니 내가 갚으리라"는 말씀입니다. 복수는 하나님께 맡기고 우리는 용서와 평안 속에서 살면 됩니다. 그런 사람에게는 기도의 능력이 있습니다. 무엇이든지 기도하고 구하는 것은 다 받게 될 것입니다.

【40】

마가복음 11:27-33

예수께서 이르시되 나도 한 말을 너희에게 물으리니 대답하라 그리하면 나도 무슨 권위로 이런 일을 하는지 이르리라

▲

예수님의 권세에 대한 논쟁

예수님께서 다시 예루살렘 성전으로 가시자 대제사장들과 서기관들 그리고 장로들이 예수님께 다가옵니다(27절). 그들은 예수님께 무슨 권위로 이런 일을 하는 것인지 또 그 권위는 누가 준 것인지를 묻습니다(28절). 여기서 이런 일이란 얼마 전에 성전을 청결케 하신 일을 말합니다. 그런데 이 질문은 정말로 그것이 궁금해서 묻고 있는 것이 아닙니다. 그들은 성전을 장사 하는 곳으로 만든 자들입니다. 그것은 누가 봐도 잘못입니다. 그러므로 그들이 예수님의 말씀을 진지하게 받아들였다면 하나님 앞에 나아가 회개를 하든지 아니면

예수님께 와서 이제 이 상황을 어떻게 수습해야 할 것인지를 물었어야 합니다.

그런데 그들은 예수님께 와서 성전을 청결하게 하신 일이 어떤 권위에 기반을 둔 것인지를 묻습니다. 그것은 자신들의 잘못을 인정하고 바로잡을 의도가 없다는 것을 뜻합니다. 예수님께서는 하나님의 뜻을 선포하시는데 타락한 지도자들은 자신들이 만들어 놓은 권위주의적인 틀 속에서 그 선포가 합법적인 것인지를 따지려 합니다. 간단히 말해서 그들의 권위로 진리를 억압하려 하고 있는 것입니다.

이런 일은 구약시대에도 흔하게 있었고 오늘날에도 있습니다. 유다 왕 아마샤가 에돔 족속의 신들을 섬기려고 할 때 하나님께서 선지자를 보내서 경고를 하십니다(대하 25:15). 그 때 아마샤가 어떤 반응을 보입니까? 역대하 25장 16절은 이렇게 말씀합니다. "선지자가 아직 그에게 말할 때에 왕이 그에게 이르되 우리가 너를 왕의 모사로 삼았느냐 그치라 어찌하여 맞으려 하느냐 하니." 아마샤는 선지자의 질책의 내용이 아니라 그의 권위를 문제삼습니다. 너는 왕의 모사로 세워진 자가 아니니 내 앞에서 그런 말을 할 자격이 없다는 것입니다.

지금 예수님 앞에서 유대 지도자들이 같은 일을 하고 있습니다. 감히 네가 누군데 우리가 하는 일을 비난하느냐는 것입니다. 그들의 질문은 전혀 순수한 것이 아닙니다. 이런 질문에 대해서는 예수님께서 진지한 대답을 해 주실 필요가 없습니다. 그래서 예수님께서는 세례 요한의 세례가 하늘로부터인지 혹은 사람으로부터인지를 물으십니다(30절). 그들은 진퇴양난에 빠집니다. 하늘로부터라고 하면 그런데 왜 너희들은 그를 믿지 않았느냐고 반문하실 것이고(31절) 사람으로부터라고 하면 세례 요한을 참된 선지자로 인정하고 있는 모든 백성들이 그들을 비난할 것입니다(32절). 그래서 그들은 자신들은 답을 알지 못하겠다고 말합니다. 그러자 예수님께서도 나도 무슨 권위로 이런 일을 하는지 알려 주지 않겠다고 말씀하십니다(33절).

【41】

마가복음 12:1-12

너희가 성경에 건축자들이 버린 돌이 모퉁이의 머릿돌이 되었나니 이것은 주로 말미암아 된 것이요 우리 눈에 놀랍도다 함을 읽어 보지도 못하였느냐 하시니라

▲

포도원 농부의 비유

예수님께서 자신을 대적하는 유대인들에게 한 가지 비유를 말씀하십니다. 어떤 사람이 포도원을 만들고 농사에 필요한 모든 설비를 갖춘 후 농부들에게 세를 주고 타국으로 떠났습니다(1절). 이것은 포도원 주인이 농부들에게 세를 받을 자격이 충분하다는 것을 보여줍니다. 포도원 소출을 거둘 때가 되어 농부들에게 종들을 연거푸 보냈지만 그들은 죽거나 학대만 받고 빈손으로 돌아왔습니다(2-5절). 그래서 결국 포도원 주인은 자신의 아들을 보냈습니다(6절). 그러나 농부들은 포도원을 자신의 것으로 삼기 위해 아들을 죽여 버리고 말았

습니다(7, 8절).

이사야 5장 1절 이하에 거의 비슷한 비유가 등장합니다. 두 본문의 비유를 종합해 보면 포도원 주인은 하나님, 농부들은 유대인, 그리고 포도원은 유대인들의 일터를 뜻합니다. 포도원 주인이 농부들에게 기대하시는 것은 포도원 주인의 주권을 인정하고 그의 뜻에 순종하는 것입니다. 이스라엘의 주인은 하나님이십니다. 유대인들은 하나님께 순종하며 살아야 할 책임이 있습니다. 그들이 하나님의 뜻에 순종하기만 한다면 그들의 복된 삶은 보장되어 있습니다.

그런데 그들은 아들을 죽입니다. 왜 그런 일을 합니까? 자신들이 주인이 되겠다는 것입니다(7절). 하나님의 지배에서 벗어나서 자신들 마음대로 사는 삶을 살아 보겠다는 것입니다. 예수님 당시의 유대교 지도자들은 타락할 대로 타락해 있었습니다. 그래서 예수님께서는 성전을 정결케 하시는 행위와 여러 교훈들을 통해 그들에게 하나님의 뜻을 보이셨습니다. 그러나 그들은 자신들의 욕망대로 사는 것을 택했고 예수님을 죽이려고 합니다.

그러면 결국 어떻게 되겠습니까? 9절 말씀이 그 대답을 제시합니다. 포도원 주인은 그 농부들을 진멸하고 포도원을 다른 사람들에게 줄 것입니다. 여기서 그 농부들은 유대인을 뜻하고 다른 사람들은 이방인들을 뜻합니다. 농부들은 예수님을 죽입니다. 그러나 하나님께서는 예수님을 모퉁이의 머릿돌로 삼으실 것입니다(시 118:22). 그리고 그 위에 세상 모든 사람들을 위한 교회를 세우실 것입니다.

유대인들은 이 비유가 자신들에 대한 것임을 알았다고 합니다(12절). 그런데도 그들은 회개하지 않습니다. 다만 무리를 두려워하여 예수님을 잠시 놓아둘 뿐입니다. 그들은 결국 멸망해 버리고 말았습니다. 본문은 우리에게 결단을 요구합니다. 주인이신 하나님의 뜻에 순종하는 삶을 살 것인지 아니면 못된 농부들처럼 내가 주인이 된 삶을 살 것인지 말입니다. 바로 지금 이 순간이 결단의 순간입니다.

[42]

마가복음 12:13-17

이에 예수께서 이르시되 가이사의 것은 가이사에게, 하나님의 것은 하나님께 바치라 하시니 그들이 예수께 대하여 매우 놀랍게 여기더라

가이사에게 세금을 내는 문제

유대인의 지도자들은 사람들을 보내어 예수님께 질문을 합니다(13절). 그런데 그들의 목표는 "예수의 말씀을 책잡으려"는 것이었습니다. 즉 그들의 질문은 순수한 것이 아니었다는 뜻입니다. 예수님께 보냄을 받은 사람들은 먼저 예수님을 잔뜩 칭찬합니다(14절). 그것은 순수한 칭찬이 아닙니다. 그 다음에 그들이 던질 질문에 대해 예수님께서 제대로 대답을 하지 못하실 것이라는 확신을 가지고 있었기 때문에 그 직전에 예수님을 실컷 놀리고 있는 것입니다. 그들의 질문의 내용은 가이사에게 세금을 바치는 것이 옳으냐 옳지 않느냐 하는 것

입니다.

그들은 "우리가 바치리이까 말리이까"라고 하며 그 질문을 반복합니다(15절). 그들이 지금 자신만만하다는 뜻입니다. 이 질문을 생각해 냈을 때 그들은 매우 기뻐했을 것입니다. 예수님께서 도망가실 틈이 없는 것 같습니다. 가이사에게 세금을 내라고 말씀하시면 민족을 배신하는 것이 되고 세금을 바치지 말라고 대답하시면 로마를 대적하는 것이 됩니다. 그래서 유대인들은 이제 예수님을 완전히 궁지에 몰아넣었다고 생각하고 이 질문을 반복합니다.

이 모습은 요한복음 8장에서 간음을 하다가 끌려온 여인을 앞에 두고 유대인들이 예수님께 질문을 던졌던 장면을 연상시킵니다. 그들은 예수님께 이 여인을 어떻게 할 것인지를 묻습니다. 만약에 여인을 죽이라고 하시면 예수님은 사랑이 없다고 비난할 것이고 죽이지 말라고 하시면 예수님은 율법을 지키지 않는다고 비난할 것입니다. 그래서 그들은 예수님께 묻기를 멈추지 않았다고 성경은 말합니다(요 8:7). 지금 똑같은 상황이 벌어지고 있는 것입니다.

예수님께서는 그들의 외식을 알아차리셨습니다. 이런 경우에는 진지하게 대답하실 필요가 없습니다. 예수님께서는 가이사의 것은 가이사에게 하나님의 것은 하나님께 바치라고 대답하십니다(17절). 이것은 아주 기가 막힌 대답입니다.

가이사의 것은 가이사에게 바치라고 하셨으니 로마 황제에게 대적하신 것이 아닙니다. 또 하나님의 것은 하나님께 바치라고 하셨으니 율법적으로도 아무 잘못이 없습니다. 예수님의 이 대답의 뜻을 신학적으로 깊이 있게 해석하기 위해 애쓸 필요는 없습니다. 그들이 예수님께 잘못된 질문을 가져왔으므로 예수님께서는 그들의 의도를 부수실 만한 대답을 해 주신 것일 뿐입니다. 사무엘하 22장 27절은 "깨끗한 자에게는 주의 깨끗하심을 보이시며 사악한 자에게는 주의 거스르심을 보이시리이다"라고 말씀합니다. 우리가 하나님을 어떤 식으로 대하느냐에 따라 하나님께서도 우리를 그렇게 대하십니다. 하나님을 늘 존중하며 사는 우리가 되어야 하겠습니다.

[43]

마가복음 12:18-27

하나님은 죽은 자의 하나님이 아니요 산 자의 하나님이시라 너희가 크게 오해하였도다 하시니라

사두개인들의 질문과 부활

사두개인들이 예수님께 와서 질문을 합니다(18절). 그런데 그들은 부활이 없다고 하는 사람들이었습니다. 사두개인들은 죽으면 모든 것이 끝난다고 생각했고 영혼, 부활, 천국, 지옥, 천사, 마귀는 존재하지 않는다고 생각했습니다. "이는 사두개인은 부활도 없고 천사도 없고 영도 없다 하고 바리새인은 다 있다 함이라"(행 23:8). 우리가 볼 때는 상당히 이상합니다. 하나님을 믿는다는 사람들이 어떻게 부활과 천국을 믿지 않을 수 있단 말입니까? 그 이유는 그 사람들이 너무나 부유한 사람들이었기 때문입니다. 사두개인들은 성전 제사를 중

심으로 한 종교 귀족이었습니다. 아무것도 부족한 것이 없는 사람들이었습니다. 그렇기 때문에 내세에 대해서 별로 간절함이 없었습니다. 천국은 없어도 된다고 생각했습니다.

그들은 자신들의 생각이 옳다는 것을 증명하기 위해서 한 가지 예를 듭니다. 신명기 25장 5절을 보면 형이 아들이 없이 죽었을 경우 동생이 형수를 취하여 형의 대를 잇게 하라는 말씀이 있습니다. 사두개인들은 일곱 형제가 제일 큰 형의 아내를 계속 취하게 되었을 경우 부활 후에는 그 여자가 누구의 아내가 될 것인지를 묻습니다. 그것은 말도 안 되는 상황이기 때문에 결국 부활은 없는 것이라고 주장하고 싶은 것입니다.

이에 대해 예수님께서는 그들이 성경도 하나님의 능력도 알지 못하므로 오해를 하고 있다고 말씀하십니다(24절). 우선 25절에서는 그들이 하나님의 능력을 제대로 알지 못하고 있음을 지적하십니다. 부활 이후에는 사람이 하늘에 있는 천사들과 같은 존재가 될 것입니다. 하나님께서는 지상에서의 가족 관계와는 상관없는 완전히 새로운 질서를 창조하실 것입니다. 사두개인들은 그런 질서를 만드실 수 있는 하나님의 능력을 알지 못했습니다.

그리고 그들은 성경도 알지 못했습니다. 참고로 사두개인들은 구약 성경 중에서 모세오경만을 성경으로 인정했습니다. 그래서 예수님께서는 그 중에 있는 말씀을 통해 부활을 증거하십니다. 하나님께서는 모세에게 자신을 소개하시면서 아브라함의 하나님, 이삭의 하나님, 야곱의 하나님이라고 말씀하십니다. "또 이르시되 나는 네 조상의 하나님이니 아브라함의 하나님, 이삭의 하나님, 야곱의 하나님이니라 … "(출 3:6). 하나님은 죽은 자의 하나님이 아니요 산 자의 하나님이십니다(27절). 그렇기 때문에 만약 이 세 사람이 당시 멸절해 버린 존재였다면 하나님의 이런 자기소개는 잘못된 것이었을 것입니다. 사두개인들은 성경을 제대로 알지 못했고 하나님과 부활에 대해 대단히 잘못된 지식을 가지고 있었습니다. 잠언 기자는 "나를 가난하게도 마옵시고 부하게도 마옵시고"(잠 30:8)라고 말합니다. 이 세상의 것에 취해서 부활과 천국을 놓치는 어리석은 자들이 되지 말아야 할 것입니다.

【44】

마가복음 12:28-34

네 마음을 다하고 목숨을 다하고 뜻을 다하고 힘을 다하여 주 너의 하나님을 사랑하라 하신 것이요 둘째는 이것이니 네 이웃을 네 자신과 같이 사랑하라 하신 것이라 이보다 더 큰 계명이 없느니라

가장 큰 계명

서기관 중 한 사람이 예수님과 사두개인들 사이의 대화를 지켜보고 있었습니다. 그는 예수님께서 잘 대답하신 것을 알았습니다. 그래서 자신이 평소에 가지고 있었던 질문을 예수님께 여쭈어 봅니다. 그것은 하나님의 모든 계명들 중에서 가장 중요한 것이 무엇인가 하는 것입니다(28절). 하나님의 계명에 순종하며 살고자 하는 사람들은 누구나 다 이런 질문을 가지고 있었을 것입니다. 그들은 구약 성경에 기록된 613개의 계명들을 하나로 통합할 수 있는 가장 핵심적인 계명을

알고 싶었을 것입니다.

예수님께서는 29절 이하에서 지체 없이 진지하고 정확한 대답을 주십니다. 이것은 우리를 놀라게 합니다. 왜냐하면 예수님께서 이렇게 지체 없이 진지한 대답을 주셨다는 것은 그 서기관을 매우 높이 인정하셨다는 뜻이기 때문입니다. 앞서 우리는 불순한 의도를 가지고 질문을 하는 자들에게는 예수님께서 직접적인 대답을 주시지 않았던 것을 살펴보았습니다. 그러나 이 서기관은 하나님의 말씀에 대하여 정말로 진지한 질문을 가졌던 사람이었습니다. 그런 자의 질문에 대해서는 예수님께서 잠시의 머뭇거림도 없이 정확한 대답을 해 주십니다.

예수님의 대답은 하나님을 사랑하고 이웃을 사랑하라는 것입니다(30–31절). 그런데 사실 이 두 계명은 별개의 계명이 아닙니다. 우리는 예배와 기도를 통해 하나님에 대한 사랑을 표현할 수 있습니다. 하지만 우리가 늘 예배만 드리면서 살 수는 없습니다. 우리의 일상생활을 통해서 하나님을 사랑하는 방법은 무엇입니까? 그것은 우리 주위에 허락해 주신 이웃을 사랑하는 것입니다. 인간은 하나님의 형상대로 창조되었습니다(창 1:26). 그렇기 때문에 우리가 인간을 사랑하면 하나님께서는 우리가 하나님 자신을 사랑하는 것으로 여겨 주십니다. 그런데 우리가 한꺼번에 이 세상 모든 인류를 사랑

할 수는 없습니다. 우리가 사랑할 수 있는 사람들은 하나님께서 우리 주변에 두셔서 우리와 교제할 수 있도록 해 주신 사람들 즉 우리의 이웃입니다. 우리는 이웃을 사랑함을 통해 그들을 창조하신 하나님을 우리가 사랑하고 존중한다는 것을 드러낼 수 있습니다. 예수님의 대답을 들은 서기관은 그것에 전적으로 동의함을 표현합니다(32-33절). 그러자 예수님께서는 그에게 "네가 하나님의 나라에서 멀지 않도다"라고 말씀하십니다(34절). 하나님의 나라를 오직 예수님을 믿는 자만이 들어갈 수 있습니다. 서기관처럼 하나님의 말씀을 그렇게 진지하게 묵상하는 사람은 곧 예수님을 영접하게 될 것이라는 뜻입니다. 하나님의 말씀을 사랑하는 자는 예수님께서 인정해 주십니다.

【45】

마가복음 12:35-44

그들은 다 그 풍족한 중에서 넣었거니와 이 과부는 그 가난한 중에서 자기의 모든 소유 곧 생활비 전부를 넣었느니라 하시니라

▲

가난한 과부의 헌금

본문 중 첫 번째 단락에서는 예수님께서 그리스도의 본질에 대해 말씀하십니다. 서기관들은 그리스도를 다윗의 자손이라고 부릅니다(35절). 자손이라면 다윗보다 열등한 존재여야 합니다. 하지만 다윗은 시편 110편 1절에서 그리스도를 "내 주"라고 표현합니다(36절). 예수님께서는 이것을 지적하시면서 "다윗이 그리스도를 주라 하였은즉 어찌 그의 자손이 되겠느냐"라고 물으십니다(37절). 이에 대한 답을 이해하기 위해서는 그리스도께서 육신으로는 다윗의 자손이시지만 본질상 하나님이심을 이해해야 합니다. 그리스도이신 성자 예수

님께서는 그것을 이해하셨지만 당시 유대인들은 그것을 이해하지 못하고 있었습니다.

두 번째 단락에서는 예수님께서 서기관들을 공격하십니다. 그들은 긴 옷을 입고 다니는 것과 시장에서 문안 받는 것을 좋아했습니다(38절). 두 가지 일의 공통점은 그들이 사람들의 시선을 끌기 위해 노력한다는 것입니다. 그들은 흔히 신앙심이 깊은 유대인들의 기부에 의지하여 살았습니다. 의지할 곳이 없던 과부들은 학식이 높은 서기관들을 존경하여 자신들의 재산을 그들에게 기부하는 경우가 많았는데 서기관들은 그들의 재산을 갈취하곤 했습니다(40절). 많은 기부를 받기 위해서는 사람들의 인정을 받아야 했기 때문에 그들은 사람들이 보는 앞에서 길게 기도를 드렸습니다.

예수님께서는 그들이 받는 판결이 더욱 중하리라고 말씀하셨습니다. 그들이 일반인들보다 더욱 준엄한 심판을 받게 되는 이유는 그들이 학식이 있는 사람들이었기 때문입니다. 누가복음 12장 47-48절에서 예수님께서는 알면서 악을 행하는 자는 모르고 악을 행하는 자보다 더 심한 비판을 받게 될 것이라고 말씀하셨습니다. 배운 사람들에게는 권한이 주어집니다. 그러나 그들은 또한 그에 합당한 책임을 져야 합니다.

세 번째 단락에서 예수님께서는 헌금함에 두 렙돈을 드린 과부를 칭찬하십니다. 렙돈은 하루 품삯이었던 데나리온의 64분의 1의 가치를 지녔습니다. 다른 사람들은 자신의 생활비 중에서 일부를 하나님께 드렸지만 그 과부는 자신의 모든 소유를 하나님께 드렸습니다. 그 여인이 그렇게 할 수 있었던 이유는 첫째는 하나님에 대한 사랑 때문이었을 것이고 둘째는 하나님께서 자신의 삶을 책임져 주실 것이라는 믿음이 있었기 때문일 것입니다. 역대하 16장 9절은 "여호와의 눈은 온 땅을 두루 감찰하사 전심으로 자기에게 향하는 자들을 위하여 능력을 베푸시나니"라고 말씀합니다. 우리도 전심으로 하나님을 의지하며 살아야 합니다.

[46]

마가복음 13:1-13

또 너희가 내 이름으로 말미암아 모든 사람에게 미움을 받을 것이나 끝까지 견디는 자는 구원을 받으리라

▲

성전이 무너질 것을 예언하심

예수께서 성전에서 나가실 때 어떤 제자가 성전 건물을 자랑합니다(1절). 예수님께서는 그 건물들이 돌 하나도 돌 위에 남지 않고 다 무너뜨려질 것이라고 말씀하십니다(2절). 그리고 이 예언은 주후 70년에 로마의 디도 장군에 의해 예루살렘이 파괴될 때 문자적으로 이루어집니다. 성전에서 큰 화재가 발생했는데 그 때 성전을 치장했던 금들이 녹아서 건물을 구성하는 돌들 사이사이로 스며들었습니다. 로마 군인들은 그 금을 얻기 위해 성전의 돌들을 문자적으로 모두 무너뜨렸습니다.

제자들이 언제 그런 일이 발생하게 될지를 묻자(3, 4절) 예수님께서는 그 날에 어떤 일이 발생할 것이고 주의 백성들은 어떤 자세를 취해야 할지를 말씀하십니다. 비슷한 내용이 마태복음 24장과 마가복음 13장 그리고 누가복음 21장에 등장하는데 이 장들을 종말장이라고 부릅니다. 본문에서 예수님께서 말씀하시는 내용은 크게 보아 두 가지입니다. 미래에 발생할 사건들과 그 사건들 속에서 우리가 취해야 할 자세를 설명하십니다.

우리가 취해야 할 자세는 주의하고(5절) 또 조심하는(9절) 것입니다. 주의해야 할 것은 예수님을 사칭한 거짓 메시야들의 가르침입니다(6절). 그들에게 속지 않도록 주의해야 합니다. 9절의 조심하라는 말씀은 핍박 때문에 배교하지 않도록 조심하라는 것입니다. 마지막 13절에서 "끝까지 견디는 자는 구원을 받으리라"고 말씀하십니다. 그런데 이 말씀을 뒤집어서 이해하면 끝까지 견디지 못하는 자는 구원을 받지 못하리라는 말씀이 됩니다. 끝까지 견디지 못 한다는 것은 핍박을 이기지 못하고 배교를 하는 것을 말합니다.

그런데 예수님께서는 우리에게 핍박이 임했을 때 너무 걱정하지 말아야 할 이유를 두 가지 설명해 주십니다. 첫째는 우리가 당하는 핍박에는 다 이유가 있다는 것입니다. 우리의 고난은 무의미하지 않습니다. 우리가 사람들 앞에 세워지는 이유는 그들에게 복음을 전할 기회를 얻기 위해서라고 말씀하십니다(9절). 우리가 핍박을 당할 때 걱정하지 않아도 될 두 번째 이유는 성령께서 늘 우리와 함께 해 주실 것이기 때문입니다(11절). 우리를 끌어다가 사람들 앞에 세울 때 예수님께서는 우리가 무슨 말을 할지 미리 염려하지 말라고 하십니다. 왜냐하면 우리에게 할 말을 주실 분은 성령님이시기 때문입니다. 끝까지 견디는 자는 구원을 받을 것입니다. 우리가 세상에서 받는 핍박은 앞으로 주어질 영광과 족히 비교할 수 없습니다. "생각하건대 현재의 고난은 장차 우리에게 나타날 영광과 비교할 수 없도다"(롬 8:18).

【47】

마가복음 13:14-27

그 때에 인자가 구름을 타고 큰 권능과 영광으로 오는 것을 사람들이 보리라 또 그 때에 그가 천사들을 보내어 자기가 택하신 자들을 땅 끝으로부터 하늘 끝까지 사방에서 모으리라

▲

재림의 예언

예수님께서는 멸망의 가증한 것이 서지 못할 곳에 선 것을 보거든 산으로 도망하라고 말씀하십니다(14절). 실제로 로마와 전쟁이 일어났을 때 기독교인들은 이 말씀에 따라 요단강 동쪽 산 위에 있는 펠라(Pella)라고 하는 성읍으로 도망갔습니다. 15절부터 17절까지에는 도망가는 일이 매우 급박할 것을 말씀하십니다. 지체 없이 산 위에 있는 성읍으로 도망가야 합니다.

우리의 관심을 끄는 것은 18절 말씀입니다. 도망하는 일

이 겨울에 일어나지 않도록 기도하라고 말씀하십니다. 겨울을 언급하시는 것은 팔레스타인 지역에서 겨울이 우기(雨期)이기 때문입니다. 강물이 불어나면 도망하는 사람들이 요단강을 건너기가 힘들게 됩니다. 그런데 겨울에 도망갈 일이 생기지 않도록 기도하라는 말씀은 우리에게 많은 것을 생각하게 합니다. 하나님께서 AD 70년에 일어날 일들 혹은 세상 끝에 일어난 일들을 촘촘하게 계획해 놓으셨지만 믿는 자들이 기도를 드리면 그 계획을 기꺼이 바꾸실 수도 있다는 뜻입니다. 하나님의 뜻이 변경될 수 있다는 것을 전제로 할 때만 기도하라는 명령이 의미를 갖게 됩니다. 하나님께서는 계획을 가지고 일하시는 분이십니다. 그러나 믿는 자들의 기도를 통하여 그것을 수정하시는 것을 또한 기뻐하시는 분이시기도 합니다.

19절과 20절은 환난이 심할 것을 말씀하고 있고 21절과 22절은 말세에 이단들이 나타날 것을 경고하고 있습니다. 교회는 항상 이 두 가지 때문에 위기를 겪습니다. 외부적으로는 물리적인 핍박이 가해지고 내부적으로는 거짓 교리를 가르치는 이단들에 의해 위협을 받습니다. 이런 현상을 가장 뚜렷하게 보여주는 예가 베드로전서와 후서입니다. 이 두 책은 흑해 남부 그러니까 터키 북부에 있는 교회를 위해 베드로 사도가 쓴 책입니다. 수신자가 같은 사람들인데 베드로전

서에서는 그들이 당하고 있는 박해에 대해, 그리고 베드로후서에서는 그들 가운데서 활동하고 있는 거짓 교사들의 위험에 대해 다루고 있습니다. 우리는 이 두 가지 위험을 항상 염두에 두며 신앙생활을 해야 합니다.

예수님께서는 두 가지에 대한 경고를 하신 후 "너희는 삼가라 내가 모든 일을 너희에게 미리 말하였노라"라고 말씀하십니다(23절). 이런 경고는 그 앞에서 하신 말씀이 매우 중요한 일이라는 뜻입니다. 그러나 너무 두려워할 필요는 없습니다. 왜냐하면 예수님께서 결국 세상에 임하실 것이고 신실한 자들을 불러 모아 주실 것이기 때문입니다(26, 27절).

【48】

마가복음 13:28-37

그러므로 깨어 있으라 집 주인이 언제 올는지 혹 저물 때일는지, 밤중일는지, 닭 울 때일는지, 새벽일는지 너희가 알지 못함이라

무화과나무의 비유

이스라엘 지역에서 무화과나무의 가지가 연하여지고 잎사귀가 생기면 여름이 가까웠다는 신호입니다(28절). 마찬가지로 예수님께서 앞의 단락에서 예언하셨던 일들이 발생하게 된다면 그것은 주님의 재림이 가까웠다는 신호입니다(29절). 이런 말씀을 주시는 이유는 말세에 고통이 심할 것이기 때문입니다. 그 고통이 심하면 심할수록 예수님의 재림이 가까운 줄 알고 희망을 가지라는 것입니다.

30절에서 예수님께서는 이 세대가 지나가기 전에 이 일이 다 일어날 것이라고 말씀하십니다. 이것은 해석하기 무척 어

려운 말씀이지만 그 앞에서 "진실로 너희에게 말하노니"라고 말씀하셨기 때문에 우리는 이 말씀을 명심해야 합니다. 앞선 29절에서 인자가 다시 올 날을 말씀하고 있기 때문에 30절의 내용을 온 세상에 임할 마지막 때라고 볼 수도 있습니다. 그렇게 볼 경우 여기서 말하는 '이 세대'는 말세에 무서운 환란을 경험하는 세대를 뜻합니다. 그 세대가 다 지나가기 전에 예수님의 재림이 이루어질 것입니다.

혹은 마가복음 13장의 1차적인 예언내용이 디도 장군에 의한 예루살렘 멸망이라고 볼 경우 '이 세대'라는 것은 예수님과 함께 살고 있었던 세대를 말합니다. 그때가 주후 30년대였고 예루살렘 멸망은 주후 70년에 이루어졌으므로 그 일은 같은 세대 동안에 이루어진 것입니다. 예수님께서는 그 일이 이루어질 정확한 날과 때는 천사도 아들도 모르고 오직 아버지만 아신다고 말씀하십니다(32절). 예수님께서는 하나님이시지만 지금 인간의 몸을 입으셨기 때문에 스스로에게 한계를 지우고 계십니다. 그렇기 때문에 인간이 되신 성자께서는 그 날과 때를 모른다고 하시는 것입니다.

이렇게 말세에 대한 교훈을 주신 후 그렇다면 우리는 어떤 자세로 그 때를 맞아야 할 지를 말씀하십니다. 그것은 깨어 있어야 한다는 것입니다. 33절부터 37절까지의 말씀 속에서 깨어있으라는 말씀이 무려 네 번이나 등장합니다. 34절 말씀을 통해 보면 깨어 있으라는 말씀의 뜻은 하나님께서 각자에게 맡기신 사명을 충실히 감당하고 있으라는 것입니다. 주인은 종들과 문지기에게 권한을 주고 일을 맡깁니다. 그리고 그들이 깨어 있기를 기대합니다.

35절 말씀은 집주인이 돌아올 수 있는 때를 나열하고 있는데 그것들의 공통점은 깨어 있기가 무척 힘든 때라는 점입니다. 예수님께서 재림하실 때가 되면 환난이나 이단들의 속임수 혹은 단순한 게으름 때문에 하나님께서 맡기신 사명을 제대로 완수하기가 어려워질 것입니다. 그러나 예수님께서는 깨어 있으라고 반복해서 말씀하십니다. 우리는 깨어서 주님의 일을 감당해야 하겠습니다.

【49】

마가복음 14:1-9

내가 진실로 너희에게 이르노니 온 천하에 어디서든지 복음이 전파되는 곳에는 이 여자가 행한 일도 말하여 그를 기억하리라 하시니라

▲

예수님의 머리에 향유를 부음

유월절과 무교절 이틀 전입니다(1절). 유대인들의 달력으로 유월절은 아빕월 혹은 니산월 14일 해가 질 때부터 그 다음 날 아침까지를 말합니다. 유대인들의 하루는 해가 지면 시작되기 때문에 14일 저녁에 해가 지면 절기상으로 15일이 됩니다. 그리고 무교절은 같은 달 15일부터 21일까지입니다. 유월절과 무교절은 원래는 별개의 절기였지만 날짜가 이와 같이 겹치기 때문에 구약성경 내에서도 이미 두 절기를 같은 절기로 취급하고 있습니다.

예수님께서 마리아, 마르다, 나사로 남매가 살고 있던 베다니 나병환자 시몬의 집에서 식사를 하십니다(3절). 나병환자 시몬의 집이라는 표현에 대해서는 두 가지 설명이 있습니다. 첫 번째 설명은 마리아 남매의 부친이 나병환자 시몬이라는 것입니다. 그리고 두 번째 설명은 그 집의 주인이 시몬이라는 사람인데 그가 어느 날 나병에 걸려서 그 집에서 쫓겨나게 되었고 부정한 곳이라고 하여 아무도 살지 않던 그 집에서 가난한 세 남매가 살게 되었다는 것입니다.

식사 도중에 한 여자가 매우 비싼 향유 한 옥합을 가지고 와서 그것을 예수님의 머리에 부었습니다(3절). 사람들은 화를 내면서 왜 이 귀한 것을 허비하느라고 그녀를 비난합니다(4절). 그것을 팔아서 가난한 사람을 돕는 것이 더 좋은 일이 아니겠느냐는 것입니다. 그 가격이 300데나리온 이상이 된다고 하는데 당시 남자 일꾼의 하루 품삯이 1데나리온이었으니까 그 향유의 값은 실로 엄청난 것이었습니다. 그것을 예수님께 통째로 부어드린 것입니다.

예수님께서는 그 여인을 괴롭게 하지 말라고 하십니다(6절). 너희가 언제나 할 수 있는 일이 있고 지금 아니면 할 수 없는 일이 있는데 내 머리에 향유를 붓는 일은 지금 아니면 할 수 없는 일이니 이 여인의 행위가 정당하다고 말씀하십니다(7절). 그리고 예수님께서는 그 여인이 한 일의 의미를 알려 주십니다. 그 여인은 예수님의 몸에 향유를 부음으로 예수님의 장례를 미리 준비한 것입니다(8절). 이것은 그 여인의 놀라운 영적 통찰력을 보여 줍니다. 예수님께서는 십자가에 못 박혀 돌아가시기 위해 예루살렘에 오셨습니다. 그런데 그 여행 중에 제자들은 누가 더 큰 사람인가 하는 논쟁을 하고 있었습니다. "그들이 잠잠하니 이는 길에서 서로 누가 크냐 하고 쟁론하였음이라"(막 9:34). 예수님의 사역에 대한 이해가 전혀 없었다는 뜻입니다. 그러나 이 여인은 예수님께서 이제 죽으실 것임을 압니다. 그리고 자신의 모든 것을 바쳐 구입한 향유를 아낌없이 예수님께 쏟아 붓습니다. 예수님께서는 그 여인의 마음을 이해하시고 그녀를 칭찬하십니다(9절). 우리도 그런 사람이 되어야 하겠습니다.

[50]

마가복음 14:10-16

제자들이 나가 성내로 들어가서 예수께서 하시던 말씀대로 만나 유월절 음식을 준비하니라

유월절 식사의 준비

열두 제자 중의 하나인 가룟 유다가 예수님을 넘겨주려고 대제사장들에게 갔습니다(10절). 그들은 유다에게 돈을 주기로 약속하고 유다는 예수님을 넘겨줄 기회를 찾습니다(11절). 무교절의 첫 날 곧 유월절 양 잡는 날이 되어 예수님의 제자들도 유월절 잔치를 준비하려고 합니다(12절). 유월절 양 잡는 날에 대해서는 약간의 설명이 필요할 것 같습니다. 유월절은 아빕월 15일부터 21일까지입니다. 그런데 유대인들은 14일에도 바쁜 하루를 보냈습니다. 일단 그 날은 유월절을 준비해야 하는 날이기 때문에 공식적인 휴일이었습니다. 오늘 날

로 말하면 달력에 빨간색으로 표시된 날입니다. 그래서 그 날을 무교절의 첫 날이라고 부르기도 했습니다.

14일 아침이 되면 제일 먼저 집안 구석구석을 청소했습니다. 성경에 따르자면 무교절 기간 동안에는 유대인의 집에 누룩이 없어야 했습니다(출 12:15; 신 16:4). 평소에는 누룩을 넣은 빵을 먹었었기 때문에 14일 아침에는 집안을 모두 청소해야 했습니다. 청소를 마친 후에는 유월절 물품을 구입하기 위해 장보기를 했습니다. 무교절의 먹을 쓴나물 등을 구입했을 것입니다. 그리고 오후 3시가 되면 준비했던 유월절 양을 데리고 성전 뜰로 갔습니다. 그러면 제사장들이 유월절 양을 잡아주었습니다. 그 양을 바구니에 담아 와서 요리를 한 후 해가 지고 나면 이제 15일이 되었기 때문에 온 가족이 모여서 유월절 식사를 즐겼습니다.

예수님께서는 제자들이 유월절 식사를 준비할 장소를 여쭤보자 성내로 들어가서 물 한 동이를 가지고 가는 사람을 따라가라고 말씀하십니다(13절). 그리고 그가 들어가는 그 집 주인에게 유월절 식사를 할 장소를 물어보라고 말씀하십니다(14절). 물 한 동이를 가지고 가는 사람은 거리에서 매우 흔하게 볼 수 있는 사람입니다. 그렇기 때문에 이것은 예수님께서 제자들 몰래 예약을 해 두신 것이 아니라 기적을 통해 유월절 잔치가 준비되고 있음을 보여줍니다.

본문의 앞뒤에 배치된 두 이야기들이 서로 대조되는 긴장을 보여 주고 있습니다. 유다는 예수님을 배신하고 그분을 적들에게 넘겨주려고 합니다. 그러나 예수님께서는 기적적인 역사를 통해 유월절 잔치를 준비하십니다. 이것이 시사하는 것은 그 이후에 이어지는 모든 고난과 십자가 사건의 주도권을 예수님이 쥐고 계시다는 것입니다. 사탄 마귀는 유다를 통하여 예수님을 빨리 죽여 버리는 것이 자신이 승리하는 것이라고 생각했을 것입니다. 그러나 예수님께서는 그 모든 것에도 불구하고 꿋꿋하게 하나님의 뜻을 이루어 가십니다. 지혜로도 모략으로도 하나님을 이길 수 없습니다. "지혜로도 못하고, 명철로도 못하고 모략으로도 여호와를 당하지 못하느니라"(잠 21:30).

【51】

마가복음 14:17-26

그들이 먹을 때에 예수께서 떡을 가지사 축복하시고 떼어 제자들에게 주시며 이르시되 받으라 이것은 내 몸이니라 하시고

▲

유월절 식사

이제 예수님께서는 열두 제자와 함께 유월절 식사를 하십니다(17, 18절). 그런데 예수님께서는 그들에게 너희 중에 하나가 나를 팔 것이라고 말씀하십니다(18절). 이것은 특히 유다에게 큰 충격을 주었을 것입니다. 자신이 계획하고 있는 일을 예수님께서 이미 알고 계시다는 뜻입니다. 예수님께서 이 말씀을 하신 이유는 지금이라도 유다가 회개하고 배신의 길에서 돌아서도록 하시기 위해서입니다. 그러나 유다는 예수님께서 주신 회개의 기회들을 살리지 못합니다.

예수님께서는 인자 즉 자기 자신은 성경에 기록된 대로

갈 것이지만 인자를 파는 그 사람에게는 화가 있을 것이라고 말씀하십니다(21절). 이것은 하나님의 예정과 인간의 자유의지를 동시에 보여주는 말씀입니다. 우리는 보통 두 가지가 양립할 수 없다고 생각합니다. 하나님의 예정이 있어서 그 계획대로 역사가 진행된다면 인간에게는 자유도 없고 책임도 없을 것이라고 생각합니다. 반대로 인간에게 참된 자유의지가 있다면 하나님의 예정이라는 것은 별 의미가 없게 될 것이라고 생각합니다. 하지만 예수님께서는 그 두 가지가 모두 양립한다고 말씀하십니다.

예수님의 십자가는 철저히 하나님의 계획에 따라 이루어지는 일입니다. 그러나 지금 예수님을 배신하고 있는 가룟 유다는 자신의 자유의지에 따라 그 일을 하고 있는 것입니다. 그리고 유다는 거기에 따르는 책임을 피할 수 없을 것입니다(21절). 그 두 가지가 어떻게 조화를 이루는지는 알 수 없습니다. 다만 성경은 계속 그 두 가지를 모두 강조하고 있습니다. 우리는 책임을 가진 존재로 창조되었고 우리의 결정에 대해 책임을 져야 합니다.

예수님께서는 22절에서는 떡을 가지사 축복하시고 이것이 내 몸이라고 말씀하시고 23절과 24절에서는 잔을 가지사 감사 기도하시고 이것이 나의 피 곧 언약의 피라고 말씀하십니다. 그런데 왜 하필 떡과 포도주를 가지고 예수님의 십자가를 비유하신 것일까요? 그것은 떡과 포도주가 육신의 생명을 유지하는 데 필수적인 요소이듯이 그것으로 상징되고 있는 예수님의 십자가가 우리의 영적 생명을 위해 필수적인 것이기 때문입니다.

이어서 예수님께서는 포도나무에서 난 것을 하나님 나라에서 새 것으로 마시는 날까지 다시 마시지 아니할 것이라고 말씀하십니다(25절). 이것은 이 떡과 잔의 의미를 참으로 이해한 자들은 천국에서 다시 예수님과 만나게 될 것이라는 말씀입니다. 천국은 분명히 있습니다. 예수님을 의지하는 자는 그곳에서 예수님과 함께 새 포도주를 마시게 될 것입니다.

[52]

마가복음 14:27-42

이르시되 아빠 아버지여 아버지께는 모든 것이 가능하오니 이 잔을 내게서 옮기시옵소서 그러나 나의 원대로 마시옵고 아버지의 원대로 하옵소서 하시고

▲

겟세마네 동산에서의 기도

예수님께서는 목자를 치면 양이 흩어질 것이라는 스가랴 13장 7절 말씀을 인용하시면서 제자들이 다 주님을 버릴 것이라고 말씀하십니다(27절). 하나님의 예정과 인간의 자유의 문제가 또 등장합니다. 그 이후에 발생하는 사건들은 스가랴서의 예언이 얼마나 정확하게 이루어졌는지를 보여줍니다. 그러나 예언이 이루어진 것이라고 해서 예수님을 버리고 떠나간 제자들의 책임이 없어지는 것은 아닙니다. 그들은 완전히 자기 자신의 의지에 따라 그런 행동을 한 것입니다. 하나님의 예정과 인간의 자유는 충돌하지 않습니다. 다만 그 둘이

어떻게 조화를 이루는지를 우리가 모를 뿐입니다.

제자들에게 지금 이 말씀을 하시는 데는 또 다른 이유가 있습니다. 그것은 제자들을 안심시키기 위해서입니다. 나중에 제자들은 예수님을 버리고 흩어질 것입니다. 하지만 그때 제자들은 예수님이 이 일을 미리 예언하셨던 것을 기억하며 위로를 받을 것입니다. 똑같은 사건이 바로 다음에도 등장합니다. 베드로는 다른 사람은 몰라도 나는 절대로 주님을 버리지 않겠다고 이야기합니다(29절). 하지만 예수님께서는 베드로가 세 번씩이나 예수님을 부인할 것을 말씀하십니다(30절). 베드로는 나중에 예수님의 말씀을 기억하며 위로를 받을 것입니다. 왜냐하면 이 예언 자체에는 베드로를 용서하시겠다는 예수님의 의도가 포함되어 있기 때문입니다.

다른 제자들도 예수님을 부인하지 않겠다고 이야기합니다(31절). 그들은 아마 모두 진심이었을 것입니다. 하지만 그들은 폭력의 힘과 공포를 아직 모릅니다. 하나님께서 강권적으로 붙들어 주시기 전에 인간의 결심과 의지라는 것이 얼마나 약한 것인지 그들은 아직 모릅니다. 그래서 예수님께서는 그들의 말에 아무 대꾸도 하지 않으십니다.

예수님께서는 수제자인 베드로, 야고보, 요한을 데리고 겟세마네라는 곳에 가셔서 기도를 드리십니다(32절). 그리고 자신의 마음의 고통을 말씀하시며 그들에게 함께 깨어 있을 것을 부탁하십니다(34절). 36절이 보여주는 극심한 고통 앞에서 예수님께서는 가장 가까운 제자들이 함께 깨어 있어 주기를 원하셨습니다(34, 37, 38절). 그들에게 같이 죽자고 하신 것도 아니고 같이 재판을 받자고 하신 것도 아닙니다. 그저 함께 깨어 있어 줄 것을 부탁하셨습니다. 그러나 제자들은 함께 깨어 있어 드리는 일조차 감당하지 못했습니다. 예수님을 체포하려는 사람들이 왔을 때 예수님께서는 "이제는 자고 쉬라 그만 되었다"라고 말씀하십니다(41절). 각 시기에는 그때에 맞는 과제가 있습니다. 우리는 순간순간 그 과제들을 잘 수행해야 합니다.

【53】

마가복음 14:43-52

내가 날마다 너희와 함께 성전에 있으면서 가르쳤으되 너희가 나를 잡지 아니하였도다 그러나 이는 성경을 이루려 함이니라 하시더라

유다의 도착과 예수님의 체포

예수님께서 제자들과 대화를 나누고 계실 때 유다와 무리가 도착합니다(43절). 그들은 칼과 몽둥이를 가지고 왔습니다. 이것은 예수님을 체포하는 것이 사람들에게 발각될 경우 그들의 강한 저항이 예상되었기 때문입니다. 유다는 자신이 입을 맞추는 자가 예수님이니 그를 잡아 단단히 끌어가라고 이야기합니다(44절). 어두운 밤에 예수님과 다른 제자들을 구분하기가 어려웠기 때문에 자신이 입맞춤을 통해 예수님을 지적해 주겠다고 한 것입니다. 단단히 끌어가라는 것은 유다는 예수님의 기적의 능력을 보아왔기 때문에 그를 단단히 묶어

서 끌고 가야 한다는 말입니다. 결국 유다는 예수님께 입을 맞추었고(45절) 예수님은 체포되셨습니다(46절).

예수님께서는 내가 날마다 성전에서 가르쳤는데 그 때는 나를 잡지 않다가 강도를 잡는 것 같이 칼과 몽둥이를 가지고 나를 잡으러 왔느냐고 말씀하십니다(48, 49절). 이것은 그들이 예수님을 체포하는 것이 떳떳하지 못한 일임을 책망하신 것입니다. 예수님을 체포하는 일이 하나님 앞에서 떳떳한 일이었다면 성전에서 모든 사람들이 보는 앞에서 그렇게 할 수 있었습니다. 그러나 그들은 한밤중에 아무도 모르는 곳에 와서 무력으로 예수님을 체포합니다. 이것은 그들이 하는 일이 하나님 앞에서 떳떳하지 못한 일임을 스스로 드러내고 있는 것입니다. 예수님께서 이는 성경을 이루려 함이라고 말씀하십니다(49절). 그것은 지금 예수님께서 힘이 약하셔서 체포되시는 것이 아니라 예수님께서 주도권을 잡고 계심을 암시하는 것입니다.

제자들은 예수님이 예언하셨던 대로 모두 도망을 갔습니다(50절). 그런데 마가복음에만 소개되어 있는 작은 에피소드가 그 다음에 등장합니다. 한 청년이 벗은 몸에 베 홑이불을 두르고 예수님을 따라가다가 무리에게 발각되자(51절) 그 홑이불마저도 버리고 벗은 몸으로 도망을 했다는 이야기입니다(52절). 고대 교회로부터 모든 주석가들은 이 청년이 마가 자신이라는 데 의견이 일치합니다. 그들의 설명은 다음과 같습니다. 마가는 예루살렘 성 안에 있었는데 사람들이 예수님을 체포하러 간다는 소식을 들었습니다. 그는 옷을 챙겨 입지도 못하고 침대에서 덮고 있던 홑이불을 대충 몸에 두른 채 예수님께 달려왔습니다. 하지만 그가 도착했을 때 이미 예수님은 체포 되신 후였습니다. 그래서 예수님을 따라가고 있는데 사람들이 그를 알아보았습니다. 그래서 그는 벗은 몸으로 도망을 쳤다는 것입니다. 이것은 지금 소개되고 있는 이야기가 직접적인 목격자에 의한 진술임을 보여줍니다. 십자가 사건은 역사이고 정확한 사실입니다.

[54]

마가복음 14:53–65

예수께서 이르시되 내가 그니라 인자가 권능자의 우편에 앉은 것과 하늘 구름을 타고 오는 것을 너희가 보리라 하시니

예수님의 재판

사람들은 예수님을 유대인의 지도자들에게 끌고 갑니다(53절). 여기 대제사장들이라는 복수 명칭이 나옵니다. 원래 대제사장은 종신직이기 때문에 한 사람밖에 없었습니다. 그러나 그 당시 이스라엘은 로마의 식민지였기 때문에 정치적 상황에 따라 대제사장들이 수시로 바뀌곤 했습니다. 유대인들은 한 번이라도 대제사장을 했던 사람은 그가 직분에서 물러난 다음에도 평생 그를 대제사장이라고 불렀습니다. 그래서 대제사장들이라는 복수명칭이 가능했던 것입니다.

그들은 예수님을 칠 증거를 찾았지만 그것은 불가능했습

니다(55절). 어떤 사람들은 예수님께서 성전을 헐면 다른 성전을 사흘 동안에 지을 것이라고 했다는 증언을 했습니다(58절). 하지만 이 증언도 서로 일치하지 않았다고 합니다(59절). 여기에 대해서는 조금 설명이 필요할 것 같습니다. 예수님께서는 성전을 두 번 청결하게 하셨습니다. 사역 초기에 한번 그렇게 하셨고 십자가에 못 박히시기 며칠 전에도 같은 일을 하셨습니다. 그런데 전자는 요한복음 2장에 기록되어 있고(요 2:15) 후자는 마태 마가 누가복음에 기록되어 있습니다(마 21:12; 막 11:15; 눅 19:45).

그런데 "너희가 이 성전을 헐라 내가 사흘 동안에 일으키리라"는 말씀은 요한복음에만 기록되어 있습니다(요 2:19). 즉 이 말씀은 첫 번째 성전청결 사건 때만 하셨습니다. 예수님께서 재판을 받으신 것은 그 말씀을 하신지 3년이 지난 후입니다. 그렇기 때문에 겨우 몇 사람만 그 사건에 대해 불명확하게 이야기하고 있고(57절) 유대인의 지도자들은 예수님의 그 말씀을 아예 기억도 못하고 있는 것입니다.

예수님께서 자신이 메시아임을 밝히시자(62절) 그들은 분노하며 예수님을 사형에 처하기로 합니다(64절). 그리고 예수님께 폭력을 행사합니다(65절). 이들의 반응을 이해하기 위해서는 당시 유대인들이 어떤 메시야관을 가지고 있었는지 알 필요가 있습니다. 우리는 메시야의 주된 역할이 우리의 죄를 위해 속죄제물로 죽어 주시는 것이라고 알고 있습니다(사 53:5; 히 9:12). 그러나 유대인들은 양이나 소를 잡아서 드리는 속죄제사로 죄를 충분히 용서받는다고 생각하고 있었습니다. 그러므로 그들이 기대했던 메시야의 역할은 위대한 왕이 되어 로마인들을 물리치고 영광스러운 나라를 세우는 것이었습니다. 그런데 이처럼 초라한 모습의 예수님이 자신이 그리스도라고 하자 기가 막혔던 것입니다. 그리고 예수님을 모욕하면서 참으로 당신이 메시아라면 우리에게 힘을 보이라고 하는 것입니다. 예수님은 우리 죄를 대신 지시고 죽기 위해 이 세상에 오셨습니다. 우리는 그것을 기억하며 감사해야 합니다.

【55】

마가복음 14:66-72

닭이 곧 두 번째 울더라 이에 베드로가 예수께서 자기에게 하신 말씀 곧 닭이 두 번 울기 전에 네가 세 번 나를 부인하리라 하심이 기억되어 그 일을 생각하고 울었더라

베드로가 예수님을 부인함

본문은 베드로가 예수님을 부인하는 장면입니다. 우선 우리가 생각해 보아야 할 것은 베드로가 그곳에 왜 있었느냐 하는 것입니다. 다른 제자들은 예수님께서 체포 되실 때 도망을 갔습니다. 하지만 베드로는 그곳 뜰 안에까지 들어와 있습니다. 아마도 베드로는 예수님의 고난에 동참할 각오를 하고 있었을 것입니다. 마가복음 14장 29절에서 다른 제자들은 다 주님을 버릴지라도 나는 그렇게 하지 않겠다고 장담을 했으니 자신이 한 말을 기억하며 그 자리에 있었을지도 모릅니다. 그런데 그곳에 있던 아주 보잘 것 없는 사람들이 베드

로와 예수님과의 관계를 묻자 그는 세 번에 걸쳐서 완강하게 그 관계를 부인합니다. 마지막에는 저주하며 맹세하기까지 했습니다(71절). 베드로가 예수님과 함께 고난을 받으려 했던 것은 사실이었음을 것입니다. 하지만 그가 생각했던 것은 좀 더 멋진 장면이었을 것입니다. 재판관들이 베드로를 불러 세웁니다. 그리고 네가 이 나사렛 예수의 제자냐고 묻습니다. 그러면 베드로는 모든 사람들 앞에서 자신이 예수님의 제자임을 고백하고 함께 고난을 당합니다. 그러면 예수님을 따랐던 모든 사람들이 베드로를 우러러 볼 것이고 도망을 쳤던 다른 제자들은 베드로를 더욱 더 존경하게 될 것입니다. 아마도 베드로가 머릿속에 그렸던 그림은 이런 것일 것입니다.

그러나 비천한 여종 하나가 와서 "너도 나사렛 예수와 함께 있었도다"라고 묻자(67절) 베드로는 아무 생각 없이 예수님을 부인합니다(68절). 심지어 지금 자신이 예수님을 부인했다는 사실을 자각도 하지 못한 것 같습니다. 그 사실을 자각했다면 빨리 그 집에서 빠져 나왔어야 합니다. 하지만 성경은 그가 아랫뜰에 있다가 앞뜰로 장소만 살짝 바꾸었다고 이야기합니다(66, 68절). 자신이 어떤 끔찍한 일을 했는지 깨닫지 못하고 있었다는 뜻입니다. 우리를 무너뜨리는 시험은 아주 작은 일들을 통해 다가올 수도 있습니다.

닭이 두 번째 울자 그때서야 베드로는 예수님의 말씀을

깨닫고 울음을 터뜨립니다(72절). 이 사건은 베드로에게 끔찍한 트라우마가 되었을 것입니다. 예수님께서 이 문제를 해결해 주신 이야기는 요한복음 21장에 등장합니다. 부활하신 후 갈릴리 해변에서 베드로를 만나신 예수님께서는 세 번 베드로에게 네가 나를 사랑하느냐고 물으십니다(요 21:15-17). 그렇게 해서 주님께서는 전에 베드로가 세 번 예수님을 부인했듯이 이제는 세 번 주님을 사랑한다고 고백할 기회를 주십니다. 세 번 부인함의 상처를 세 번의 고백으로 씻어버리게 하신 것입니다. 우리 주님의 자상하심은 정말 놀랍습니다.

【56】

마가복음 15:1-15

빌라도가 묻되 네가 유대인의 왕이냐 예수께서 대답하여 이르시되 네 말이 옳도다 하시매

▲

빌라도 앞에서의 재판

유대인의 지도자들은 예수님을 빌라도에게 넘겨줍니다(1절). 왜 자신들이 직접 예수님을 처형하지 않고 로마 총독에게 예수님을 넘겨주었는지에 대해서는 두 가지 설명이 있습니다. 첫째는 당시 로마의 식민지였던 유대인들에게 사형권이 없었기 때문이라는 것입니다. 그런데 로마의 식민지 지도자들에게 정말로 사형 집행권이 없었는지에 대해서는 아무런 문헌적 근거가 남아 있지 않습니다. 나중에 유대인들이 스데반을 죽였을 때 로마인들과 충돌한 정황이 없는 것으로 보아 그들에게 사형집행권이 없었던 것은 아닐 것입니다. "우리에

게는 사람을 죽이는 권한이 없나이다"(요 18:31)라는 유대인들의 고백은 그날이 유월절 축제 기간이었기 때문에 사람을 죽일 수 없었던 것으로 해석해야 합니다.

두 번째 설명은 유대인들이 예수님을 저주 받은 자로 만들기 위해서라는 것입니다. 유대인들의 전통적인 사형 방법은 돌을 던져 죽이는 석형(石刑)입니다. 그런데 신명기 21장 23절은 나무에 달린 자는 하나님께 저주를 받은 자라고 말씀하고 있습니다. 그들은 예수님을 십자가에 못 박아 죽임으로써 그분을 하나님께 저주를 받은 자로 선포하고 싶었던 것입니다.

빌라도는 로마 실정법상 아무런 죄도 범하지 않은 예수님을 풀어주려고 노력합니다(9절). 그러나 사람들은 예수님 대신에 바라바를 풀어 달라고 요구합니다(11절). 바라바는 민란을 꾸미고 살인을 한 사람입니다(7절). 어떤 이들은 바라바가 독립운동의 영웅이었던 것으로 생각하지만 문헌적인 근거는 없습니다. 우리는 바라바를 예수님 때문에 죽음에서 구원을 받게 된 죄인들 모두를 대표하는 인물로 생각하면 될 것입니다.

바라바가 놓이게 된 이유 중 하나는 대제사장들의 충동을 받은 무리가 바라바를 놓아 달라고 소리를 질렀기 때문입니다(11절). 그 무리들은 얼마 전 예루살렘으로 오시는 예수님을 보고 “호산나 찬송하리로다 주의 이름으로 오시는 이여”라고 소리를 질렀던 사람들입니다(막 11:9). 그들은 강력한 왕으로서의 메시야를 원했습니다. 그런데 그들의 기대와는 달리 예수님은 로마 총독 앞에서 초라한 모습으로 재판을 받고 계십니다. 그들에게 나약한 메시야는 메시야일 수 없었습니다. 더구나 로마 총독은 자꾸 예수님을 유대인의 왕이라고 부릅니다(9, 12절). 이것은 유대인들의 민족적 자존심을 자극했을 것입니다. 그래서 그들은 더욱 큰 소리로 예수님을 십자가에 못 박으라고 외칩니다(13절). 그러자 빌라도는 무리에게 만족을 주고자 하여 예수님을 십자가에 못 박히게 넘겨줍니다(15절). 정의를 버리고 배임죄를 범한 것입니다.

【57】

마가복음 15:16-32

몰약을 탄 포도주를 주었으나 예수께서 받지 아니하시니라 십자가에 못 박고 그 옷을 나눌새 누가 어느 것을 가질까 하여 제비를 뽑더라

▲

십자가에 못 박히심

군인들은 예수님을 희롱하기 위해 왕이 입는 자주색 옷을 예수님께 입히고 가시관을 머리에 씌웠습니다(17절). 가시관은 머리에 고통을 주기 위한 것이기도 하지만 황제의 왕관을 모방한 것이기도 합니다. 로마 동전에 새겨진 황제의 머리를 보면 빛이 사방으로 뻗어나가는 형상의 왕관을 쓰고 있습니다. 팔레스타인 지역의 가시나무는 가시의 길이가 10cm 정도나 되었습니다. 이것으로 관을 만들어 로마 황제의 관을 흉내낸 것입니다.

사형수는 십자가의 가로대를 직접 어깨에 메고 시내에서

부터 골고다까지 올라가야 했습니다. 예수님께서는 너무 지친 상태였기 때문에 군인들은 구레네 사람 시몬으로 하여금 십자가의 가로대를 지고 가게 만듭니다(21절). 그런데 그 사람을 알렉산더와 루포의 아버지라고 소개하고 있는 것으로 보아 그 두 아들들은 초대교회 신자들에게 잘 알려진 인물이었던 것 같습니다. 시몬은 억지로 끌려가서 예수님을 도왔지만 그의 가족들은 영적으로 축복을 받았습니다.

군인들은 예수님께 몰약을 탄 포도주를 드렸지만 예수님께서는 그것을 마시기를 거절하셨습니다(23절). 몰약을 탄 포도주는 십자가의 고통을 약간 둔화시켜 주는 역할을 했습니다. 예수님께서는 그것을 거절하십니다. 우리를 위해 고통을 온전히 받으시기를 원하신 것입니다.

24절에는 예수님께서 십자가에 못 박히시는 장면이 나옵니다. 그런데 못 박히셨다는 기사가 너무 짧게 지나갑니다. 그냥 여러 사건들을 나열하는 중에 하나로서 나올 뿐입니다. 이것은 네 개의 복음서가 모두 마찬가지입니다. "그들이 예수를 십자가에 못 박은 후에 그 옷을 제비 뽑아 나누고"(마 27:35). "십자가에 못 박고 그 옷을 나눌새 누가 어느 것을 가질까 하여 제비를 뽑더라"(막 15:24). "해골이라 하는 곳에 이르러 거기서 예수를 십자가에 못 박고 두 행악자도 그렇게 하니 하나는 우편에, 하나는 좌편에 있더라"(눅 23:33). "그들이 거기서 예수를 십자가에 못 박을새 다른 두 사람도 그와 함께 좌우편에 못 박으니 예수는 가운데 있더라"(요 19:18).

신구약 성경 전체의 핵심 사건은 예수님의 십자가입니다. 그런데 그것을 어떻게 이렇게 짧게만 기록할 수 있단 말입니까? 그것은 성령님의 강권적인 역사에 의한 것입니다. 복음서 기자들은 이 부분을 기록할 때 구약의 예언들과 시편들을 인용하거나 자기 나름대로의 해석을 붙이고 싶었을 것입니다. 하지만 그렇게 했다면 십자가의 의미와 해석은 그것들에 의해 제한되고 말았을 것입니다. 십자가에 대한 묵상은 계속되어야 하고 찬송은 끝이 없어야 합니다. 어느 한 가지에 매일 수 없습니다. 그래서 하나님께서는 복음서 기자들의 열정을 억누르시고 마치 지나가는 사건들 중 하나인 것처럼 담백하게 십자가를 묘사하게 하신 것입니다.

지나가는 사람들은 예수님을 놀려댑니다. 저들의 빈정거림의 핵심은 예수님이 메시야라면 능력을 발휘해 보라는 것입니다(29-32절). 그들은 강력한 메시야를 원했습니다. 자신들의 죄를 위해 속죄의 제물이 되고 계신 예수님을 전혀 이해하지 못했습니다.

【58】

마가복음 15:33-41

예수를 향하여 섰던 백부장이 그렇게 숨지심을 보고 이르되 이 사람은 진실로 하나님의 아들이었도다 하더라

▲

예수님의 죽으심

유대인의 시간으로 제6시부터 제9시까지 그러니까 우리 시간으로 낮 12시부터 오후 3시까지 온 땅에 어둠이 임했습니다(33절). 성부 하나님께서는 예수님께서 십자가상에서 고통을 당하시는 모습을 사람들이 볼 수 없도록 하신 것입니다. 제9시에 예수님께서는 "엘리 엘리 라마 사박다니"라고 외치십니다. 십자가에서 예수님께서는 일곱 가지 말씀을 하셨는데 마가복음은 그것들 중 오직 이 말씀만을 기록하고 있습니다. 그 뜻은 "나의 하나님 나의 하나님 어찌하여 나를 버리셨나이까"입니다. 이사야 53장 5절이 말씀하듯이 예수님의 고

난은 죄로 인해 인간이 당해야 할 고난을 대신 당해 주신 것입니다. 죄인들이 당해야 하는 고통 중에 가장 큰 고통은 하나님과의 단절의 고통입니다. 예수님께서는 그 고통을 경험하신 것입니다.

엘리라는 단어 때문에 예수님께서 엘리야를 부르신다고 오해한 사람이 해면에 신포도주를 적시어 갈대에 꿰어 예수님께 드렸습니다(36절). 정황상 그것은 예수님의 입에 포도주를 툭툭 털어 넣은 것입니다. 예수님께서는 큰 소리를 지르시고 숨을 거두셨습니까(37절). 그러자 성소 휘장이 위로부터 아래까지 찢어져 둘이 되었습니다(38절). 이 휘장은 지성소와 성소를 구분하고 있던 것입니다. 예수님의 죽으심으로 말미암아 죄인들이 하나님께 나아갈 길이 열린 것을 뜻합니다. 마태복음은 그 때 죽었던 자들이 많이 살아나서 사람들에게 보였다고 기록하고 있습니다. "무덤들이 열리며 자던 성도의 몸이 많이 일어나되 예수의 부활 후에 그들이 무덤에서 나와서 거룩한 성에 들어가 많은 사람에게 보이니라"(마 27:52, 53). 죽음의 권세가 정복된 것입니다.

이 모든 사건을 바라보고 있던 백부장은 "이 사람은 진실로 하나님의 아들이었도다"라고 고백합니다(39절). 십자가에 달리고서도 자신을 그렇게 만든 사람들을 비난하지 않고 오히려 그들을 용서하고 마지막 순간까지 품위를 지키시는 모습을 보고 그는 이런 고백을 한 것입니다. 그의 고백은 십자가 밑에서까지 예수님을 놀려대며 비난했던 유대인의 무리와 큰 대조를 이룹니다.

멀리서 예수님의 십자가를 바라보는 여인들이 있었습니다. 그들을 소개하는 중에 작은 야고보라는 표현이 나오는데 야고보라는 이름을 가진 친족들 중 나이가 적은 자라는 뜻입니다. 유대인들은 성이 없었고 친족들의 이름을 따서 이름을 지었기 때문에(눅 1:61) 동명이인이 많이 나왔습니다. 이럴 경우 나이가 적은 자를 작은 아무개라고 불렀습니다.

갈릴리에 계실 때부터 예수님을 따르던 여인들이 소개되고 있습니다(41절). 그들은 마지막 순간까지 주님을 따랐습니다. 그들의 꾸준한 헌신은 우리의 모범이 되고 있습니다.

【59】

마가복음 15:42-47

요셉이 세마포를 사서 예수를 내려다가 그것으로 싸서 바위 속에 판 무덤에 넣어 두고 돌을 굴려 무덤 문에 놓으매

▲

예수님의 장례

예수님께서 십자가에 못 박히신 날은 준비일 곧 안식일 전날이었습니다(42절). 우리말로 준비일이라고 번역된 헬라어 단어에는 금요일이라는 뜻이 있습니다. 예수님께서는 금요일 오후 3시쯤 돌아가셨습니다. 보통 6시에 해가 졌는데 해가 지면 안식일이 시작됩니다. 안식일에는 아무 일도 할 수 없었습니다. 그러므로 그 세 시간 동안 예수님의 시신을 어딘가에 모셔야 했습니다. 이때 나선 사람이 아리마대 사람 요셉입니다.

그는 존경 받는 공회원이었다고 합니다(43절). 그는 빌라

도에게 가서 예수님의 시체를 달라고 했습니다. 이것은 정치적으로 매우 위험한 일이었습니다. 유대인들의 지도자들이 모두 예수님을 죽이는 일에 동참했는데 산헤드린 회원이었던 요셉이 공개적으로 빌라도 총독에게 가서 예수님의 시체를 달라고 한 것입니다. 대단한 용기가 필요한 일이었습니다.

이렇게 훌륭한 사람이 왜 예수님께서 아직 살아 계실 때는 아무런 행동을 취하지 않았는지 안타까운 생각이 듭니다. 그러나 차선에 최선을 다하는 것도 매우 훌륭한 일입니다. 많은 사람들은 최선을 놓치면 모든 것을 포기해 버리려고 합니다. 요셉의 최선은 예수님께서 살아계셨을 때 믿음을 고백하는 것이었습니다. 하지만 그는 최선을 놓쳤다고 하여 모든 것을 포기하지 않았습니다. 나중에라도 자기가 할 수 있는 차선에 최선을 다했습니다.

빌라도는 백부장을 불러 예수님의 죽음 여부를 확인합니다(44절). 이것을 통하여 우리는 일부 사람들이 주장하듯이 예수님께서 단지 기절하셨다가 깨어나신 것이 아니라 완전히 사망 하신 후 부활하셨다는 것을 확인할 수 있습니다. 로마 총독이 공식적으로 예수님의 죽음을 확인하고 있는 것입니다.

요셉은 세마포로 예수님의 몸을 두른 후 바위 속에 판 무덤에 모셔 두었습니다. 유대인 부자들은 바위를 파서 방처럼 생긴 무덤실을 만들었습니다. 그 무덤 가장자리에는 시체를 누일 수 있는 턱을 만들었습니다. 그곳에서 시체를 세마포로 싸고 그 위에 향신료를 바르는 작업을 했습니다. 벽에 깊이 180cm 정도 되는 작은 굴을 파고 시신을 그 안에 집어넣은 후 입구를 봉했습니다. 그 상태로 일 년이 지난 후 시신을 꺼내서 뼈를 추려 납골함에 넣고 그것을 무덤실 한쪽에 놓아 두었습니다. 그렇게 하면 유대인들의 장례가 완전히 끝나는 것입니다. 그런데 예수님의 경우에는 일을 할 수 있는 시간이 3시간밖에 남아 있지 않았습니다. 그래서 예수님의 시신에 세마포를 두르고 향신료를 바르는 작업만 마칠 수 있었습니다.

【60】

마가복음 16:1-8

청년이 이르되 놀라지 말라 너희가 십자가에 못 박히신 나사렛 예수를 찾는구나 그가 살아나셨고 여기 계시지 아니하니라 보라 그를 두었던 곳이니라

▲

예수님의 부활

막달라 마리아를 비롯한 여인들 몇 명은 예수님을 위한 향품을 사다 두었다가(1절) 안식 후 첫 날 새벽에 예수님의 무덤으로 갔습니다(2절). 그들은 "누가 우리를 위하여 무덤 문에서 돌을 굴려 주리요"라고 이야기합니다(3절). 무덤 입구는 맷돌처럼 생긴 커다란 돌로 막아 두었습니다. 그것은 상당히 컸기 때문에 장정 여러 명이 함께 힘을 합해야 옮길 수 있었습니다. 그런데 무덤에 가보니 이미 돌이 굴려져 있었습니다(4절). 무덤에 들어가 보니 흰 옷을 입은 한 청년이 앉아 있었습니다(5절). 천사가 나타난 것입니다. 그는 여인들에게 예수

님께서는 살아나셨고 여기 계시지 않다고 하면서 "보라 그를 두었던 곳이니라"라고 이야기합니다(6절).
이것은 여인들이 지금 무덤을 잘못 찾아온 것이 아니라는 사실을 확인해 주고 있는 것입니다. 어떤 사람들은 새벽에 날이 어두웠기 때문에 여인들과 예수님의 제자들이 예수님의 무덤을 제대로 찾지 못하고 다른 빈 무덤을 찾아갔던 것이라고 이야기하기도 합니다. 그런데 천사는 이곳이 예수님을 두었던 바로 그 곳이라는 점을 명확히 확인해 주고 있습니다.

이어서 천사는 여인들에게 사명을 맡깁니다. 제자들과 베드로에게 가서 "예수께서 너희보다 먼저 갈릴리로 가시나니 전에 너희에게 말씀하신 대로 너희가 거기서 뵈오리라"는 말씀을 전하라는 것입니다(7절). 그런데 왜 하필 갈릴리일까요? 첫째는 그곳이 예수님께서 앞에서 말씀하셨던 곳이기 때문입니다. 예수님께서는 목자를 치면 양이 흩어질 것이라는 예언을 인용하신 후 "내가 살아난 후에 너희보다 먼저 갈릴리로 가리라"라고 말씀하셨던 적이 있습니다(막 14:27). 그 말씀을 실천하시기 위해 갈릴리에서 그들을 만나 주신다는 것입니다.

과연 예수님께서 예언하셨던 대로 제자들은 예수님을 버리고 흩어졌습니다. 그들은 지금 마음의 상처를 안고 있을 것입니다. 그런데 예수님께서 전에 말씀하셨던 대로 그들을 만나주시겠다고 하시는 것입니다. 이것은 용서를 암시하는 것입니다. 제자들은 큰 위로를 얻었을 것입니다.

그리고 갈릴리가 언급되고 있는 두 번째 이유는 그곳이 예수님께서 제자들을 처음 부르신 곳이기 때문입니다. 많은 제자들은 그곳에서 예수님의 제자로서의 삶을 시작했습니다. 이제 예수님께서는 갈릴리에서 그들이 부활하신 예수님을 증거하는 전도자로서의 삶을 시작하도록 만드십니다. 그들에게 새로운 사명을 주시는 것입니다. 그 일을 위한 장소로는 갈릴리가 가장 좋습니다. 깜깜한 새벽에 천사를 만나 이런 소식을 전달받은 여자들은 몹시 놀라 떨며 무덤에서 도망을 했습니다(8절). 하나님의 역사하심은 그런 미약한 자들을 통해서 시작되었습니다.

【61】

마가복음 16:9-20

또 이르시되 너희는 온 천하에 다니며 만민에게 복음을 전파하라 믿고 세례를 받는 사람은 구원을 얻을 것이요 믿지 않는 사람은 정죄를 받으리라

▲

예수님의 마지막 당부와 승천

예수님께서는 부활하신 후 제일 먼저 막달라 마리아에게 자신을 드러내셨습니다(9절). 부활의 첫 증인이 여성이었다는 것은 대단히 중요한 일입니다. 그 당시 유대인들은 여성을 법정에서 증인으로 인정하지 않았습니다. 여인의 지위가 그만큼 낮았다는 것입니다. 그러므로 부활의 첫 증인이 여성이었다는 것은 당시 복음을 전파하는 데 전혀 도움이 될 것이 없는 일이었습니다. 하지만 예수님께서는 그 모든 편견을 무시하시고 여성을 부활의 첫 증인으로 삼으셨습니다. 그렇기

때문에 기독교가 전파되는 곳에서는 어디서나 여성들의 지위가 향상됩니다.

막달라 마리아는 슬퍼하는 제자들에게 가서 예수님의 부활을 전했습니다(10절). 하지만 그들은 그것을 믿지 않았습니다(11절). 그 후에 예수께서는 두 명의 제자들에게 나타나셔서 자신의 부활을 알리셨습니다(12절). 그 사람들이 남은 제자들에게 예수님의 부활 소식을 전했지만 그들은 두 사람의 말도 믿지 않았습니다(13절). 결국 예수님께서 제자들 앞에 직접 나타나셨습니다. 그리고 그들의 믿음 없음과 마음의 완악함을 꾸짖으셨습니다(14절). 믿음이 없었다는 것은 부활에 대한 예수님의 예언을 믿지 않았다는 것입니다. "이는 제자들을 가르치시며 또 인자가 사람들의 손에 넘겨져 죽임을 당하고 죽은 지 삼 일만에 살아나리라는 것을 말씀하셨기 때문이더라"(막 9:31).

그리고 완악이라고 번역된 헬라어 단어의 원래의 뜻은 마음이 굳어 있다는 뜻입니다. 자신의 상태를 변화시키기를 거부하는 자세를 말합니다. 제자들은 낙심했고 이제 아무런 희망이 없다고 생각했습니다. 하지만 하나님 앞에서는 항상 희망이 있습니다. 하나님의 능력으로 극복하지 못할 절망은 세상에 존재하지 않습니다. 그러므로 믿는 자들은 항상 성령님의 인도하심에 마음이 열려 있어야 합니다.

비록 꾸중하기는 하셨지만 예수님께서는 그들에게 사명을 주십니다. 주님께서는 온 천하에 다니며 만민에게 복음을 전파하라고 말씀하십니다(15절). 그리고 믿는 자들에게 따르게 될 표적들을 말씀해 주십니다(17, 18절). 그 후에 예수님께서는 하늘로 올려지셔서 하나님 우편에 앉으셨습니다(19절). 제자들은 예수님의 명령에 따라 복음을 두루 전파했습니다. 그러자 주님께서 함께 역사하사 따르는 표적으로 말씀을 확실히 증언해 주셨습니다(20절).

여기서 우리는 복음과 기적 중에서 복음이 더 중요한 것임을 알게 됩니다. 사람들은 보통 초자연적인 기적을 중시하지만 하나님께서는 그것을 복음전파의 보조 수단으로 사용하셨을 뿐입니다. 사탄의 종도 큰 기적을 행합니다. "큰 이적을 행하되 심지어 사람들 앞에서 불이 하늘로부터 땅에 내려오게 하고"(계 13:13). 그러나 그는 멸망의 자식일 뿐입니다. 우리는 기적이 아니라 하나님의 말씀을 존중하는 자들이 되어야 합니다.

| 책머리에 |

이 책은 마가복음 전체를 61개의 단락으로 나누고 각 단락의 핵심적인 내용들을 알려주고 있습니다. 그 내용은 등장인물 소개, 역사적 배경, 신학적 의미 등 다양합니다. 성경 본문과 함께 이 책을 읽는다면 그 내용을 이해하는 데 많은 도움이 될 것입니다.

| 저자 소개 |

연세대학교 법과대학(법학사)
총신대학신학대학원(M.Div.)
네덜란드 캄펜(Kampen)신학대학(신학석사, 박사)
백석대학교 기독교학부 교수

| 저서 |

• 성경 관련

"설교자를 위한 공동서신 강해". 서울: 이레서원, 2004.
"설교자를 위한 요한복음 강해". 서울: 도서출판 대서, 2007.
"요한복음 이야기". 서울: 도서출판 대서, 2013.
"신구약중간사 이야기". 서울: 도서출판 대서, 2013.
"신약성경 이야기". 서울: 도서출판 대서, 2020.

• 헬라어(신약성경 원어) 관련

a. 초급 헬라어
"외우기 쉬운 헬라어 단어"(개정판). 서울: 도서출판 대서, 2021.
"기초헬라어문법". 서울: 도서출판 대서, 2019.

b. 중급 헬라어

"혼자 공부하는 신약성경 헬라어 강독". 서울: 도서출판 대서, 2008.

c. 고급 헬라어

"헬레니스틱 그릭 독해연구"(Readings in Hellenistic Greek). 서울: 도서출판 바울, 2003.

• 랍비 아람어 관련

"랍비 아람어 독해연구"(Readings in Rabbinical Aramaic). 서울: 아가페문화사, 2003.

| 번역서 |

• 네덜란드어

야콥 판 브럭헌. "누가 성경을 만들었는가"(Wie maakte de bijbel). 서울: 총신대학출판부, 1997.

• 독일어

야콥 판 브럭헌. "목회서신들의 역사적 배열"(Die geschichtliche Einordnung der Pastoralbriefe). 서울: 솔로몬 출판사, 1997.

• 영어

후안 까를로스 오르띠즈. "주님과 동행하십니까". 서울: 도서출판 바울, 1990.

하비 K. 맥아더. "산상설교의 이해". 서울: 총신대학 출판부, 1992.

게리 버지. "NIV 적용주석: 요한복음". 서울: 솔로몬, 2010.

기타 영어 번역서 10여 권